Schreiber · Die Prüfung des Handelsfachwirts/Industriefachwirts
909 Prüfungsaufgaben zur Grundstufe

Prüfungsbücher für Fachwirte

Die Prüfung des Handelsfachwirts und Industriefachwirts

Prüfungsaufgaben zur Grundstufe
909 Fragen und Antworten

Von Dr. Rolf Schreiber

3. überarbeitete Auflage

Kiehl Verlag · Ludwigshafen

CIP-Kurztitelaufnahme der Deutschen Bibliothek

Schreiber, Rolf:
Die Prüfung des Handelsfachwirts und Industrie-
fachwirts : Prüfungsaufgaben zur Grundstufe ;
900 Fragen u. Antworten / von Rolf Schreiber.
— 3., überarb. Aufl. — Ludwigshafen : Kiehl, 1986.
(Prüfungsbücher für Fachwirte)
ISBN 3-470-70573-9

Verlags-Nr. 3 470 70573 9 · 3., überarb. Auflage · 1986
© Friedrich Kiehl Verlag GmbH, Ludwigshafen (Rhein), 1978
Herstellung: Präzis-Druck, Karlsruhe

Vorwort

Die Mehrzahl der arbeitenden Menschen hat nach Abschluß der Schule eine Ausbildung in einem kaufmännischen, gewerblich-technischen oder handwerklichen Beruf absolviert und anschließend eine Tätigkeit in einem Betrieb oder in der Verwaltung aufgenommen. Dieser Personenkreis ist oft an einer Weiterbildung interessiert, weil das in der Schule erworbene Wissen aufgrund des schnellen und tiefgreifenden Strukturwandels in Wirtschaft, Technik und Gesellschaft heute nicht mehr für ein ganzes Berufsleben ausreicht. Ständig werden neue Erkenntnisse gewonnen und in die Praxis umgesetzt. Von jedem Einzelnen wird erwartet, daß er sich mit den in seinem Beruf eingetretenen Neuerungen vertraut macht und bereit ist, ständig dazuzulernen. Niemand kann von sich behaupten, daß er ausgelernt habe. Vielmehr ist lebenslanges Lernen zur Notwendigkeit geworden.

Von besonderem Interesse ist für viele in der Praxis Stehende die berufliche Weiterbildung, weil sie Aufstiegsmöglichkeiten schafft und den Einzelnen in die Lage versetzt, einen komplizierteren Arbeitsablauf zu bewältigen und höherwertigere und mithin besser bezahlte Tätigkeiten zu verrichten. Dabei muß die berufliche Weiterbildung an das normale Schulniveau und die in einer Abschlußprüfung eines anerkannten Ausbildungsberufes geforderten Fertigkeiten und Kenntnisse anknüpfen.

Im Rahmen einer Weiterbildungskonzeption des Deutschen Industrie- und Handelstages (DIHT) und der Industrie- und Handelskammern ist für die Fachkräfte des Handels die Möglichkeit geschaffen worden, sich zum Fachwirt weiterbilden zu lassen und die Prüfung zum Handelsfachwirt, Industriefachwirt u.a. abzulegen.

Da es sich beim Fachwirt um eine noch junge Prüfung handelt, fehlt es bisher naturgemäß an geeigneten Lehrbüchern. Auch fehlt es an geeigneten Unterlagen für die Prüfungsvorbereitung auf die Fachwirteprüfung. Diese Lücke will die vorliegende Arbeit schließen. Sie will den Interessierten in die Lage versetzen, sich durch gezielte Fragen auf die Prüfung vorzubereiten und ihm einen Überblick geben, welche Kenntnisse in der Prüfung gefordert werden, obgleich es nicht Absicht dieser Broschüre sein kann, die Inhalte der einzelnen Fächer bis ins einzelne darzustellen. Es werden mit Sicherheit noch weitere Anstrengungen nötig sein, bis es gelingt, ein umfassendes, methodisch und didaktisch an den Notwendigkeiten der beruflichen Fortbildung orientiertes Standardwerk für die Ausbildung zum Fachwirt vorzulegen, das alle notwendigen Kenntnisse enthält, die unterschiedlichen Vorkenntnisse berücksichtigt und gleichzeitig die Kürze der zur Verfügung stehenden Vorbereitungszeit einbezieht.

Die vorliegende Arbeit soll dem Ziel einer Vereinheitiichung des Prüfungsniveaus dienen und dazu beitragen, die Inhalte des Ausbildungsganges zu konkretisieren. Da es sich um eine relativ junge Weiterbildungseinrichtung handelt, war es schwierig, eine Konzeption für die Ausbildung und Prüfung von Handelsfachwirten bzw. Industriefachwirten zu erarbeiten. Das Niveau des zu vermittelnden Stoffes reichte anfangs von einer Wiederholung des in der Kaufmannsgehilfenprüfung geforderten Stoffes bis hin zum Schwierigkeitsgrad einer Fachhochschule. Beides war falsch; denn der Handelsfachwirt bzw. der Industriefachwirt sollte als Parallele auf dem kaufmännischen Sektor dem schon länger installierten Industriemeister entsprechen. So gesehen könnte der vorliegende Fragenkatalog für die Grundstufe auch eine Hilfe und Unterstützung für einen bundeseinheitlichen Rahmenstoffplan und übereinstimmende Prüfungsanforderungen sein. Die Gliederung der Grundstufe für den Industriefachwirt stimmt im wesentlichen mit derjenigen für den Handelsfachwirt überein. Lediglich dem Kapitel „A.VI. Der Betrieb als Teil der Volkswirtschaft" mußte ein ergänzendes Kapitel „A.VII. Der Handel als Teil der Volkswirtschaft" hinzugefügt und das Kapitel „C.II. Kostenrechnung" entsprechend erweitert werden.

Fragekataloge für die Hauptstufe des Industrie- bzw. Handelsfachwirts sind im gleichen Verlag erschienen.

Braunschweig, im Herbst 1977

Dr. Rolf Schreiber

Vorwort zur 3. Auflage

Bei der Überarbeitung wurden insbesondere die sich aus dem wirtschaftlichen Strukturwandel ergebenden Änderungen sowie die geänderten gesetzlichen Bestimmungen z.B. durch das Bilanzrichtlinien-Gesetz berücksichtigt.

Braunschweig, im Juli 1986

Dr. Rolf Schreiber

Inhaltsverzeichnis

E. Recht

Einführung

Ausgangspunkt für die Überlegungen des DIHT und der Industrie- und Handelskammern war die Tatsache, daß es bisher kein abgestimmtes System kaufmännischer und gewerblicher Weiterbildungsqualifikationen gab, das den Erfordernissen einer notwendigen beruflichen Fortbildung Rechnung trug. Die Weiterbildung hat sich bisher nur auf bestimmte traditionelle Bereiche, wie z.b. im kaufmännischen Bereich auf den Bilanzbuchhalter und im gewerblichen Bereich auf den Industriemeister erstreckt. Nicht zuletzt als Folge des Arbeitsförderungsgesetzes (AFG) ist das Interesse an einer vielseitigen Weiterbildung sprunghaft gestiegen. Es konnte dabei nicht ausbleiben, daß die Träger solcher Bildungsmaßnahmen eigene Vorstellungen zu verwirklichen suchten, wobei naturgemäß die verschiedenen angebotenen Maßnahmen in Inhalt, Dauer, Aufbau und Zielsetzung erheblich voneinander abwichen. An einer solchen Entwicklung konnte aber niemand interessiert sein, so daß sich von hier aus Ansätze ergaben, die verschiedenen Bemühungen zu einer beruflichen Weiterbildung zu systematisieren, miteinander vergleichbar zu machen und durch eine möglichst bundesweit einheitliche Prüfung abzuschließen. Eine solche einheitliche Konzeption vermag auch den Arbeitsverwaltungen Maßstäbe für die Förderung nach dem AFG zu bieten, weil eine Gleichwertigkeit und Vergleichbarkeit der jeweiligen Weiterbildungsqualifikation gewährleistet sind.

Diese Konzeption sieht vor, daß nach der beruflichen Erstausbildung mit entsprechender Abschlußprüfung und einer mehrjährigen Berufserfahrung sowohl Branchenspezialisten als auch Funktionsspezialisten ausgebildet werden und darüber hinaus allgemeine Führungsqualifikationen vermittelt werden. Die einzelnen Bereiche werden wie folgt definiert:

Branchenspezialwissen: Erweiterte berufliche Kenntnisse in einer Branche (Wirtschaftszweig) für den Einsatz als mittlere Führungskraft (z.B. als Handelsfachwirt);

Funktionsspezialwissen: Vertiefte berufliche Kenntnisse in einem betrieblichen Funktionsbereich für den Einsatz als Funktionsspezialist (z.B. Bilanzbuchhalter);

Allgemeines Führungswissen: Erweiterte praxisbezogene betriebs- und volkswirtschaftliche Kenntnisse mit Führungswissen für den Einsatz als branchenunabhängige, gehobene Führungskraft (z.B. als praktischer Betriebswirt, aber auch als Management-Assistent, der allerdings noch nicht bundesweit vereinheitlicht worden ist).

Insgesamt sind zunächst als Branchenspezialisten in den Bereichen Industrie, Handel, Versicherungen und Banken der Industriefachwirt, der Handelsfachwirt, der Versicherungsfachwirt und der Bankfachwirt und im Bereich der Funktionsspezialisten der Personalfachkaufmann, der Fachkaufmann für Organisation, der Fachkaufmann für Einkauf, der Kostenrechner und der Bilanzbuchhalter konzipiert worden.

Die hier genannten Fachwirte und Funktionsspezialisten können bei Bedarf auf der Grundlage einer einheitlichen Prüfungsordnung, die auf der Fortbildungsprüfungsordnung beruht, in allen Kammerbezirken der Bundesrepublik geprüft werden. Allerdings beschränken sich die Kammern im Interesse einer Konzentration jeweils auf die Bereiche, für die in ihrem Bezirk ein besonderer Bedarf oder ein besonderes Interesse besteht.

Die Weiterbildungskonzeption des DIHT ist inzwischen auch seitens des DGB und der DAG, mit denen die einzelnen Maßnahmen infolge ihrer Zustimmungsbedürftigkeit in den paritätisch besetzten Berufsbildungsausschüssen der Kammern vorher abgestimmt worden sind, grundsätzlich begrüßt worden.

A. Volkswirtschaftliche Grundlagen

I. Grundbegriffe

1.   Warum muß gewirtschaftet werden?

Anlaß zum Wirtschaften ist die Knappheit der Güter, d.h., der Dinge, die der Mensch zum Leben braucht. Sie stehen nicht unbegrenzt zur Verfügung.

2.   Was ist das Ziel des Wirtschaftens?

Die vorhandenen Mittel sollen sinnvoll eingesetzt werden. Durch das Wirtschaften läßt sich mithin das Ausmaß der Knappheit verringern, jedoch kaum beseitigen; denn die Bedürfnisse der Menschen sind unendlich groß und anstelle gestillter Bedürfnisse treten neue unbefriedigte hinzu.

3.   Wie wird gewirtschaftet?

Gewirtschaftet wird mit dem Ziel, unter Beachtung des wirtschaftlichen Prinzips die natürliche Knappheit der Güter zu vermindern, indem Rohstoffe eingesetzt und durch menschliche Arbeitskraft und unter Verwendung von Maschinen be- und verarbeitet werden, wobei Rohstoffe, Arbeitskräfte und Maschinen sinnvoll, sparsam und rationell eingesetzt werden müssen, weil die knappen Mittel, die durchaus für die verschiedensten Zwecke alternativ zur Verfügung stehen, immer die Entscheidung darüber verlangen, wo und wie sie am zweckmäßigsten verwendet werden sollen.

4.   Was versteht man unter dem ökonomischen Prinzip?

Das ökonomische Prinzip besagt, daß mit gegebenen Mitteln der größte Erfolg oder der größte Nutzen erzielt bzw. ein bestimmter Erfolg mit den geringsten Mitteln erreicht werden soll.

5.   Was ist ein Gut?

Alles, was geeignet ist, menschliche Bedürfnisse zu befriedigen, wird als Gut bezeichnet.

6.   Welche Voraussetzungen muß ein Gut wirtschaftlich gesehen erfüllen?

Es muß a) ein Bedarf oder ein Bedürfnis nach diesem Gut vorliegen, b) es muß für die Deckung des Bedarfs oder die Bedürfnisbefriedigung technisch geeignet sein, c) es muß von den Wirtschaftssubjekten darüber verfügt werden können, d) es muß knapp sein.

7.   Wie werden Bedürfnisse eingeteilt?

Die Knappheit der verfügbaren Mittel schließt eine Deckung aller Bedürfnisse aus. Deshalb stellt jedes Individuum eine Rangordnung seiner Bedürfnisse auf, die gemäß ihrer Dringlichkeit befriedigt werden. An erster Stelle stehen die Existenzbedürfnisse wie Nahrung, Kleidung und Wohnung, die durch lebensnotwendige Güter befriedigt werden. Die nächste Stufe stellen die nicht unbedingt erforderlichen Lebensbedürfnisse dar, es folgen die Luxusbedürfnisse.

8.   Wie werden Bedürfnisse befriedigt?

Der Nutzen jeder vorhergehenden Teilmenge eines Gutes ist größer als der Nutzen der folgenden Teilmenge. Der Nutzen der einzelnen Teilmengen eines Gutes wird bei der Befriedigung eines Bedürfnisses immer geringer. Der Nutzen der letzten Teilmenge eines Gutes wird als Grenznutzen bezeichnet. Je größer die zur Verfügung stehende Menge eines Gutes ist, desto geringer wird der Grenznutzen.

9.   Was ist Volkswirtschaft?

Volkswirtschaft ist die Gesamtheit aller Wirtschaftssubjekte innerhalb eines Staates. Man versteht unter Volkswirtschaft aber auch das Ineinandergreifen der durch regelmäßige Tauschbeziehungen miteinander verbundenen und durch gegenseitige Abhängigkeit aufeinander angewiesenen Wirtschaftssubjekte, die in unserem Wirtschaftssystem durch den Markt verbunden sind und durch den Markt gesteuert werden.

10.   Wie läßt sich eine Volkswirtschaft charakterisieren?

Eine Volkswirtschaft stellt sich uns einerseits dar als eine Summe von Einzelwirtschaften in ihren verkehrswirtschaftlichen Verknüpfungen und andererseits als ein eigenständiges soziales Gebilde. Das wirtschaftliche Leben eines Volkes äußert sich in einer Vielzahl von Vorgängen. So werden z.B. Waren produziert, gelagert, verkauft, Kredite gewährt und zurückgezahlt, Preise gebildet, Löhne und Gehälter gezahlt, Steuern erhoben und Subventionen gewährt. Die Gesamtheit dieser Erscheinungen bildet den Wirtschaftsprozeß, der das Resultat einer Vielzahl von Entscheidungen von Millionen einzelner privater Haushalte, Unternehmungen und öffentlicher Haushalte ist.

11.   Was versteht man unter Arbeitsteilung?

Die Arbeitsteilung drückt aus, wie weit eine Volkswirtschaft spezialisiert ist. Es ist heute nicht mehr möglich, daß jeder für sich allein das produziert, was er benötigt. Jeder erzeugt oder leistet im Rahmen der Arbeitsteilung das, was er am besten produzieren kann, so daß die Ergiebigkeit der Arbeit in qualitativer und quantitativer Hinsicht um ein Vielfaches gesteigert werden kann. Jeder tauscht die von ihm hergestellten, aber für den eigenen Verbrauch nicht benötigten Güter gegen andere, von ihm benötigten Güter ein. Die Arbeitsteilung setzt voraus, daß die Möglichkeit eines Austauschs aller Leistungen besteht. Die Arbeitsteilung ist aber auch in Form der beruflichen Gliederung gegeben.

12.   Wie können Güter eingeteilt werden?

Güter können nach folgenden Kriterien eingeteilt werden:
a) nach der Konsumreife,
b) nach dem Verwendungszweck: Konsumgüter, das sind Güter, die dem unmittelbaren Verbrauch dienen und Investitionsgüter, die der Herstellung anderer Güter dienen,
c) nach der Verwendungsdauer: Verbrauchs- und Gebrauchsgüter.

13.   Was ist ein Markt?

Als Markt wird das Zusammentreffen von Angebot und Nachfrage bezeichnet. Auf dem Markt treten die Wirtschaftssubjekte als Anbieter oder Nachfrager auf, d.h. als Käufer und Verkäufer, gleichzeitig aber auch als Konkurrenten. Der Markt spiegelt mithin gleichzeitig auch die Beziehungen zwischen Kunden, Lieferanten und Konkurrenten im Marktgeschehen wider. Der Markt ist aber gleichzeitig auch Richtungsweiser und Richter, und zwar über das am Markt Angebotene.

14.   Was versteht man unter Betrieb und unter Unternehmung?

Unter Betrieb versteht man die Stätte der Gütererzeugung bzw. der Bedarfsdeckung, die technische, die Produktionseinheit und unter Unternehmung die rechtliche Institution. Ein Unternehmen kann mithin mehrere Produktions- oder Handelsbetriebe umfassen.

15.   Was ist das Ziel des betrieblichen Wirtschaftens?

Ziel des betrieblichen Wirtschaftens ist die Erstellung betrieblicher Leistungen in Form von Produktion, Verkauf oder Erbringung von Dienstleistungen, wobei kein Unternehmen für sich isoliert betrachtet werden kann oder losgelöst von der Volkswirtschaft und für sich allein bestehen könnte.

16.   Worauf erstrecken sich die Entscheidungen der Unternehmungen?

Diese Entscheidungen erstrecken sich auf:

a) Die Art und Menge der Güter, die produziert oder verkauft werden sollen,

b) die Auswahl der technischen Verfahren, mit denen jedes dieser Güter erzeugt oder verkauft werden soll,

c) die Bestimmung des Käuferkreises,

d) die Festsetzung der Preise.

17.   Auf welche Weise werden Güter erzeugt?

Durch die Kombination der Produktionsfaktoren Boden, Kapital und Arbeit und – neuerdings durch das know how.

II. Wirtschaftssysteme – Wirtschaftsordnungen

18.   Was versteht man unter Wirtschaftsordnung?

Wirtschaftsordnung ist die zusammenfassende Bezeichnung für alle das Wirtschaftsleben regelnden Normen, wie z.b. die Rechtsnormen, die den Rahmen für die Wirtschaftsverfassung abgeben. Die Wirtschaftsordnung hat die Aufgabe, die einzelnen Entscheidungen der verschiedenen Wirtschaftssubjekte in Übereinstimmung zu bringen.

19.   Was versteht man unter Wirtschaftssystem?

Unter Wirtschaftssystem wird die Art der Organisation der Volkswirtschaft verstanden, die nur in zwei Grundformen möglich ist, die allerdings jeweils wieder verschiedene Varianten aufweisen können, und zwar einmal die zentralgeleitete Planwirtschaft und die Verkehrs- oder Marktwirtschaft, d.h., es wirtschaftet entweder der Staat, wobei die Einzelnen lediglich eine vom Staat vorgeschriebene und in allen Einzelheiten festgelegte wirtschaftliche Tätigkeit ausüben, oder es wirtschaften die einzelnen Glieder einer Volkswirtschaft selbständig.

20.   In wieweit sind Mischformen verschiedener Wirtschaftssysteme möglich?

Die reine Plan- oder Zentralverwaltungswirtschaft und die reine Marktwirtschaft sind Extremfälle und in der Praxis kaum anwendbar. Sie werden vielmehr den praktischen Bedürfnissen entsprechend modifiziert. In jeder Wirtschaftsordnung ist aber eines der beiden Wirtschaftssysteme dominierend.

21.   Was ist das Kennzeichen des Systems der Zentralverwaltungswirtschaft?

Im System der Zentralverwaltungswirtschaft beruht der Ablauf des Wirtschaftsprozesses allein auf staatlichen Plänen. Dazu gehören Entscheidungen über Produktion und Verbrauch, Arbeitsbedingungen, Berufswahl und Ausübung der Erwerbstätigkeiten. Der Staat hat die Verfügungsgewalt über alle Produktionsmittel.

22. Welche Eigentumsverhältnisse herrschen in einer Zentralverwaltungswirtschaft im Hinblick auf die Produktionsmittel?

Im Rahmen einer Zentralverwaltungswirtschaft wäre die Abschaffung des privaten Eigentums an den Produktionsmitteln an sich nicht unbedingt erforderlich. Es würde eine Einengung der persönlichen Entscheidungsgewalt über das Eigentum an den Produktionsmitteln genügen. In der Praxis ist jedoch diejenige Form der Zentralverwaltungswirtschaft am häufigsten, in der das Privateigentum an den Produktionsmitteln abgeschafft ist und der Staat mit seinen Betrieben wirtschaftet, nicht aber eine Vielzahl selbständiger Unternehmer, Handwerker und Bauern.

23. Wie arbeitet eine Zentralverwaltungswirtschaft?

Die persönliche Leistung wird durch Kontrollsysteme überwacht und jede Eigeninitiative damit weitgehend lahmgelegt. Der Marktmechanismus, die Selbstbestimmung von Angebot und Nachfrage, werden ausgeschaltet. Da die Preise für jedes Gut zentral festgelegt werden, fehlt im Falle von Änderungen der Angebots- oder der Nachfrageseite das Signal des freien Preises, das diese Änderungen anzeigt. Der Zentralverwaltungswirtschaft fehlt also das notwendige Instrument, das die Höhe des Bedarfs der Konsumenten wie auch das Angebot der Produzenten schnell und richtig signalisiert. Zur Anpassung bedarf es schwerfälliger anderer Mechanismen, die in der Regel verspätet wirken, wie z.B. Warenrationierung, Angebotskontingentierung, Investitionslenkung, Lohnstop, Berufs- und Arbeitsplatzlenkung, das den notwendigen Ausgleich zwischen der veränderten Nachfrage und dem Angebot herstellen muß.

24. Wie ist das System der freien Marktwirtschaft gekennzeichnet?

Bestimmendes Element für den Wirtschaftsablauf in einer freien Marktwirtschaft ist die Freiheit des wirtschaftlichen Handelns des Einzelnen. Die Freiheit der individuellen wirtschaftlichen Betätigung soll eine optimale Förderung des Wohlstandes im Zusammenwirken aller bewirken. In der Marktwirtschaft stellt jedes wirtschaftende Individuum unabhängig von den anderen Pläne auf. Diese Einzelpläne werden in einer Marktwirtschaft über den Marktpreismechanismus automatisch koordiniert und aufeinander abgestimmt.

25. Was ist die Konzeption der freien Marktwirtschaft?

Oberstes Prinzip der freien Marktwirtschaft ist die freie Preisbildung und die freie Konkurrenz. Die freie Preisbildung setzt voraus, daß Anbieter und Nachfrager im freien Wettbewerb zueinander stehen, keine monopolartigen Behinderungen bestehen und daß sich der Staat jeglicher Eingriffe enthält. Bei ungehinderter Konkurrenz bei Gewerbefreiheit, Vertragsfreiheit, beim Recht der freien Niederlassung und dem Recht zur Bildung von Zusammenschlüssen besteht die Aufgabe des Staates lediglich darin, den Schutz dieser Rechte zu gewährleisten.

26. Was sind die Nachteile des Systems der freien Marktwirtschaft?

Das System der freien Marktwirtschaft war insbesondere nicht in der Lage, soziale Probleme zu lösen. Rücksichtslose konnten sich zu Lasten Anständiger, zu Lasten der Allgemeinheit, bereichern. Das System der freien Marktwirtschaft wurde daher immer mehr von Methoden des Interventionismus und der staatlichen Wirtschaftslenkung ersetzt.

27. Was ist die Soziale Marktwirtschaft?

Die Soziale Marktwirtschaft ist eine ordnungspolitische Idee mit dem Ziel, auf der Basis der Wettbewerbswirtschaft die freie Initiative mit einem gerade durch die marktwirtschaftliche Leistung gesicherten sozialen Fortschritt zu verbinden.

28. Was sind die Grundlagen der Sozialen Marktwirtschaft?

Die Soziale Marktwirtschaft beruht auf folgenden Prinzipien, die allerdings nicht überall in der Wirtschaftspraxis im vollen Umfang gewährleistet sind und infolgedessen zu Angriffen gegen das System der Sozialen Marktwirtschaft geführt haben:
a) Das Preissystem der vollständigen Konkurrenz,
b) die Stabilität der Währung,
c) den freien Zugang zu den Märkten und Gewerbefreiheit,
d) Privateigentum an den Produktionsmitteln,
e) volle Haftung, damit der Weg zur Rentabilität nur über eine adäquate Leistung führt,
f) die Konstanz der Wirtschaftspolitik,
g) die staatliche Monopolkontrolle,
h) die staatliche Finanzpolitik, die vor allem mit Hilfe der progressiven Einkommensteuer, die jedoch die Investitionsneigung nicht fühlbar beeinträchtigen darf, die Einkommensverteilung korrigieren soll,
i) Bestimmungen über die Länge der Arbeitszeit und den Umfang der Frauen- und Kinderarbeit und ähnliche Maßnahmen zum Schutz der menschlichen Arbeitskraft.

29. Wie ist die soziale Komponente im System der Sozialen Marktwirtschaft gesichert?

Der soziale Charakter der Sozialen Marktwirtschaft kommt einmal in der institutionellen Sicherung des Wettbewerbs und der sozialen Verpflichtung des Eigentums, zum anderen in einer staatlichen Korrektur des Einkommenskreislaufs zugunsten wirtschaftlich Schwacher zum Ausdruck. Dies geschieht auf der einen Seite durch eine progressiv gestaltete Einkommensteuer und auf der anderen durch Gewährung von Fürsorgeleistungen, Renten und sonstigen Sozialleistungen, Wohnungsbau- und Agrarsubventionen sowie Sparförderungen.

30. Wann wäre das System der Sozialen Marktwirtschaft gefährdet?

Die Soziale Marktwirtschaft darf sich weder hin zum staatlichen Wirtschaftsdirigismus bewegen, weil dadurch das Prinzip des freien Rechtsstaates gefährdet wäre, noch hin zur unbegrenzten Freiheit, weil dadurch das Sozialstaatsprinzip verletzt würde. Sie darf aber auch nicht die Eigeninitiative lähmen, etwa durch eine übermäßige Besteuerung, z.B. aus Gründen eines falsch verstandenen Gerechtigkeitsdenkens.

31. Was ist das Instrumentarium der Sozialen Marktwirtschaft?

Da die Erhaltung des Marktmechanismus eine der wesentlichen Aufgaben der Sozialen Marktwirtschaft ist und nur sog. marktkonforme Mittel zur Steuerung der Wirtschaft angewandt werden können, muß die Lösung der Ziele der Sozialen Marktwirtschaft mit den Mitteln der Geld-, Währungs-, Kredit- und Steuerpolitik sowie der Finanz-, Außenhandels- und Konjunkturpolitik erreicht werden.

32. Wie können die Ziele der Sozialen Marktwirtschaft erreicht werden?

Die Ziele der Sozialen Marktwirtschaft erfordern eine enge Koordination der Wirtschaftspolitik mit ihren Teilbereichen Finanz-, Steuer-, Agrar-, Verkehrs-, Kredit-, Währungs- und Sozialpolitik sowie der Konjunkturpolitik und sind nur durch genau aufeinander abgestimmte Maßnahmen zu verwirklichen.

33. Welche weiteren Probleme müssen gelöst werden?

Die weltweite Rezession der Jahre 1974/75 hat die Soziale Marktwirtschaft vor neue Aufgaben gestellt. Es gilt, Maßnahmen zur Ankurbelung und Stabilisierung der Konjunktur auf einem hohen Niveau bei Vermeidung von Dauerarbeitslosigkeit zu treffen und ein Bildungssystem zu schaffen, das Chancengleichheit garantiert, den Anforderungen der Zukunft angepaßt ist und eine ständige Weiterbildung ermöglicht.

34.   Was will die staatlich gelenkte Wirtschaft?

Sie will mehr oder weniger stark detaillierte staatliche Pläne an die Stelle marktwirtschaftlicher Entscheidungen setzen und die Unternehmungen zwingen, die staatlichen Vorstellungen zu akzeptieren.

35.   Haben derartige Vorstellungen Aussicht auf Erfolg?

Nein; denn bislang sind alle derartigen Versuche fehlgeschlagen, weil jeder Dirigismus zu neuen unerwünschten Folgerungen führt, die wiederum mit neuen dirigistischen Maßnahmen bekämpft werden müssen.

36.   Welche Gründe sprechen außerdem gegen eine staatlich gelenkte Wirtschaft?

Solange es nicht möglich ist, sich der weltwirtschaftlichen Verflechtung zu entziehen, werden staatlich gelenkte Wirtschaften benachteiligt sein. Es wird niemand bereit sein, in diesem Land von außen her zu investieren und das im Land vorhandene Kapital wird zur Kapitalflucht neigen.

III. Wirtschaftskreislauf

37.   Welche Stellung nimmt der Betrieb in der Gesamtwirtschaft ein?

Kein Betrieb kann für sich allein existieren, sondern steht im engen Zusammenhang mit anderen Betrieben, und zwar mit Vorproduzenten und mit Abnehmern. Je entwickelter eine Volkswirtschaft ist, desto größer ist in der Regel die Kette zwischen der Urerzeugung und dem Letztverbraucher. Man spricht in diesem Zusammenhang von dem von dem Nationalökonomen Böhm-Bawerk entwickelten Gesetz vom produktiven Umweg. Während z.B. früher der Bauer mit dem von ihm erzeugten Mehl selbst sein Brot gebacken hat, benötigt der Bauer heute zur Bestellung seines Feldes eine Reihe von Vorprodukten, wie z.B. Maschinen zur Feldbestellung, Düngemittel usw. und er liefert den Weizen und andere Ernteerzeugnisse über den Landhandel an Mühlen, Schlachthöfe, die ihrerseits wieder über eine Vielzahl von Verteilungswesen ihre Erzeugnisse an Bäckereien, Schlachtereien und Supermärkte liefern. In diesem arbeitsteiligen Produktions- und Verteilungsprozeß werden wiederum eine Reihe anderer Vorprodukte benötigt, z.B. von den Mühlen automatische Anlagen, von den Brotfabriken Automaten und Verpakkungsmaschinen, Tüten usw., so daß jeder Hersteller gleichzeitig Abnehmer von Vorprodukten und Lieferant anderer Vorproduzenten oder Endabnehmer ist.

38. Unter welchen Voraussetzungen wird ein Betrieb produzieren?

Ein Betrieb wird in der Regel nur dann produzieren, wenn er annimmt, daß er seine Erzeugnisse auf dem Markt zu einem Preis absetzen kann, der seine Kosten deckt und eine angemessene Gewinnspanne ermöglicht.

39. Wie wird der Betrieb die notwendigen Feststellungen treffen, ob sich die Produktion lohnt?

Er wird durch Marktforschung festzustellen versuchen, ob seine Erzeugnisse gefragt sind und er wird die Preise feststellen, zu denen diese Erzeugnisse abgesetzt werden können. Sodann wird er prüfen, ob zu diesen Preisen die Produkte produziert werden können.

40. Was bezeichnet man als Produktionsfaktoren?

Als Produktionsfaktoren bezeichnet man Boden, Kapital und Arbeit.

41. Wie gestalten die Betriebe die Produktionsfaktoren?

Die Betriebe versuchen, die Produktionsfaktoren so zu kombinieren, daß ein optimaler Erfolg erwirtschaftet werden kann. Dabei kommt es insbesondere darauf an, günstigste Marktentwicklungen zu erzielen und technische Grössen in wirtschaftliche Werte umzusetzen. Hierzu gehören die richtige Lösung der Investitionsprobleme, die sinnvollste Abgrenzung des Produktions- oder Verkaufsprogramms, die Wahl des günstigsten Standortes, die zweckmäßigste Form der Finanzierung, die beste Betriebsorganisation und die Erzielung des größtmöglichen Verkaufserfolges.

42. Was ist das Sozialprodukt?

Das Sozialprodukt verkörpert den Wert aller in der Volkswirtschaft während einer bestimmten Periode — meist eines Jahres — produzierten Konsum- und Kapitalgüter sowie der geleisteten Dienste und wird mit Hilfe der Wertschöpfung berechnet.

43. Welche Bedeutung hat das Sozialprodukt?

Das Sozialprodukt kann als Wertmesser der Wirtschaftskraft eines Volkes angesehen werden.

44. Wie wird das Volkseinkommen berechnet?

Bei der Berechnung des Volkseinkommens wird vom Produktionswert einer Volkswirtschaft ausgegangen. Dieses setzt sich aus den inländischen Verkaufserlösen der Waren und Dienstleistungen, dem Eigenverbrauch erzeugter Produkte und den Bestandsveränderungen zusammen. Zwecks Vermeidung von Doppelzählungen müssen vom Bruttoproduktionswert die Faktorkosten und die sonstigen Kosten für nicht selbsterzeugte Produkte, d.h. die Vorleistungen, abgezogen werden. Auf diese Weise erhält man das Bruttosozialprodukt. Von diesem zieht man die Abschreibungen ab und erhält so das Nettosozialprodukt zu Marktpreisen. Dieses stellt die Wertschöpfung eines Jahres dar. Davon müssen die indirekten Steuern abgezogen und die Subventionen hinzugerechnet werden. Das Ergebnis stellt das Nettosozialprodukt zu Faktorkosten dar. Es wird auch als das Volkseinkommen bezeichnet. Zieht man davon die direkten Steuern ab, so erhält man das verfügbare Einkommen.

45.   Wie wird das Bruttosozialprodukt verwendet?

Das Bruttosozialprodukt wird verwendet:
a) Für den privaten Verbrauch der Haushalte,
b) für den Staatsverbrauch,
c) für die Investitionen, die sich in Anlageinvestitionen, d.h. in Ersatz- und in Neuinvestitionen und in Vorratsinvestitionen gliedern.

46.   Welche Bedeutung haben die Investitionen?

Den Investitionen kommt eine besondere Bedeutung innerhalb der Verwendung des Sozialprodukts zu, denn von ihnen hängt das Sozialprodukt von morgen ab, und zwar nicht nur die Höhe der künftigen Erzeugung von Gütern und Leistungen, sondern auch die Wertschöpfung.

47.   Welche Einkommensarten unterscheidet man?

Man unterscheidet:
a) Das Arbeitseinkommen, d.h., das Einkommen aus Arbeitsleistungen wie Lohn und Gehalt der unselbständig Tätigen,
b) das Unternehmereinkommen,
c) das Kapitaleinkommen, d.h., das Einkommen aus dem Produktionsfaktor Kapital (Zinsen des Kapitaleinsatzes),
d) das Bodeneinkommen, d.h., das Einkommen aus dem Produktionsfaktor Boden.

48.   Wie setzt sich das Unternehmereinkommen zusammen?

Das Unternehmereinkommen setzt sich zusammen:
a) Aus dem Unternehmerlohn als der Vergütung für die Tätigkeit, die der Unternehmer in seinem Betrieb leistet,
b) aus der Risikoprämie als dem Entgelt für das Wagnis,
c) aus dem Unternehmergewinn als dem Entgelt für die besonderen Leistungen der Unternehmungen.

49. Was versteht man unter einem Wirtschaftskreislauf?

Unter einem Wirtschaftskreislauf versteht man die Darstellung der wirtschaftlichen Leistungen in einem geschlossenen Zusammenhang.

50. Welche Ströme sind in einem Wirtschaftskreislaufschema enthalten?

Man unterscheidet zwischen Güterströmen und Geldströmen.

Produktivgüterstrom: Die Haushalte stellen den Unternehmungen die produktiven Kräfte zur Verfügung.

Konsumgüterstrom: Die Unternehmungen kombinieren die produktiven Kräfte und stellen Konsumgüter her. Von den Haushalten wird die gesamte Güterproduktion gekauft und verbaucht. Mithin ist der Güterkreislauf geschlossen.

Einkommenstrom: Die Unternehmungen zahlen für die produktiven Leistungen an die Haushalte Einkommen, Zinsen und die Haushalte verwenden ihr Einkommen zum Kauf der Konsumgüter. Das Geld fließt in die Unternehmungen zurück, die es wiederum zum Bezug produktiver Kräfte verwenden. Der Geldkreislauf ist geschlossen.

51. Welche Bedeutung hat der Lohn innerhalb des Wirtschaftskreislaufs?

Der Lohn hat eine zweifache Wirkung. Er versetzt den Verbraucher in die Lage, auf dem Markt als Nachfrager aufzutreten. Die Höhe des Lohnes ist also mitentscheidend dafür, wieviel der Verbraucher von den angebotenen Gütern und Dienstleistungen kaufen kann. Der Lohn ist aber andererseits auch ein Kostenfaktor der Produktion und mitentscheidend für die Preisgestaltung.

52. Wie wirkt das Geld im Verhältnis zur Produktion?

Wenn die Haushalte zu wenig Geld für Käufe bei den Unternehmen ausgeben — sei es, daß sie nicht wollen und das Geld lieber horten, oder sei es, daß sie ein zu geringes Einkommen haben und mithin nicht kaufen können, dann geht die Produktion zurück. Auf der anderen Seite ist Geld ohne eine Warendeckung sinnlos. Das Geld ist also durch die jeweilige Produktion von Gütern und Dienstleistungen pro Jahr — das Sozialprodukt — gedeckt. Sein Wert ist damit im Grundsatz durch das Verhältnis der Geldmenge zur Menge der produzierten Güter und Dienstleistungen bestimmt. Ein Zuviel oder ein Zuwenig an Geld im Verhältnis zur vorhandenen Menge an Gütern und Dienstleistungen führt daher zwangsläufig zu Störungen im Kreislauf.

IV. Märkte und Preisbildung

53.   Wie bezeichnet man das Zusammentreffen von Angebot und Nachfrage?

Überall da, wo sich Güter und Geld begegnen, d.h., wo ein wirtschaftliches Angebot auf eine kaufkräftige Nachfrage trifft, entsteht ein Markt.

54.   Was versteht man unter einem Preis?

Unter einem Preis versteht man den in Geld ausgedrückten Gegenwert (Tauschwert) einer Ware, eines Rechts oder einer Dienstleistung.

55.   Welche Arten von Preisen unterscheidet man?

Man unterscheidet:
a) Den Warenpreis,
b) den Zins als Preis für das Kapital,
c) den Lohn als Preis für die Arbeit.

56.   Welche Arten des Warenpreises werden unterschieden?

Man unterscheidet:
a) Den Wettbewerbspreis (Marktpreis). Er wird zwischen Anbietern und Nachfragern im Wettbewerb auf dem Markt gebildet;
b) den Monopolpreis, der autonom von dem alleinigen Anbieter – in seltenen Fällen auch von dem alleinigen Nachfrager festgesetzt wird;
c) den staatlich gebundenen Preis, der vom Staat durch Gesetz als Höchst- oder Mindestpreis unmittelbar festgesetzt wird.

57.   Wo bildet sich in der Regel der Preis einer Ware?

Der Preis für eine Ware oder eine Dienstleistung bildet sich am Markt unter dem Einfluß von Angebot und Nachfrage. Umgekehrt beeinflußt der Preis auch den Umfang von Angebot und Nachfrage mit der Tendenz, beide zum Ausgleich zu bringen: Bei großem Angebot und knapper Nachfrage sinkt der Preis, so daß mehr gekauft werden kann. Sinken die Preise allgemein, dann bedeutet dies, daß die Kaufkraft des Geldes steigt.
Bei knappem Angebot und großer Nachfrage steigt der Preis, so daß dann weniger gekauft werden kann. Steigen die Preise allgemein, so bedeutet dies ein Sinken der Kaufkraft des Geldes.

58.   Wie entstehen Angebots- und Nachfragebeziehungen?

Die wirtschaftliche Aktivität der Unternehmungen äußert sich in der Weise, daß sie sowohl als Anbieter von Produkten auftreten als auch zur Erzeugung dieser Produkte Leistungen von Produktionsfaktoren nachfragen. Andererseits sind die Haushalte Anbieter von Faktorleistungen, aus denen sie auf den Märkten der Produktionsfaktoren Einkommen erzielen. Mit diesem Einkommen fragen sie diejenigen Güter nach, die von den Unternehmungen auf den Gütermärkten angeboten werden. Auf diese Weise entstehen Angebots-Nachfrage-Beziehungen zwischen Unternehmungen und Haushalten, aus denen die Güterpreise entstehen.

59. Wie entsteht eine Nachfrage?

Die Nachfrage nach Gütern wird durch die Bedürfnisse hervorgerufen, indem die Individuen Güter zu erwerben wünschen, um sie für die Befriedigung ihrer Bedürfnisse zu verwenden. Da aber die Knappheit der Güter eine Befriedigung aller Bedürfnisse ausschließt, hat der Preis die Aufgabe, eine Sättigung dieser Bedürfnisse nur in dem Ausmaß zuzulassen, das der vorhandenen Gütermenge, die im Angebot zum Ausdruck kommt, entspricht. Deshalb bestimmt der Preis, welche Bedürfnisse am Markt effektiv als Nachfrage wirksam werden.

60. Wovon hängt die Gesamtnachfrage nach einem Gut ab?

Die Gesamtnachfrage nach einem Gut hängt vor allem von dem Preis ab, der auf dem Markt für das Gut gezahlt werden muß. Da aber jeder Haushalt auch andere Güter erwerben möchte, sind für die Nachfrage nach einem Gut auch die Preise der anderen Güter, die vom Haushalt nachgefragt werden, bedeutsam. Für die Nachfrage ist aber auch die subjektive Wertschätzung und schließlich auch die Höhe des vorhandenen Einkommens entscheidend.

61. Welche Größen beeinflussen das Angebot der Unternehmungen?

Das Angebot der Unternehmungen hängt von zwei entscheidenden Größen ab, und zwar von dem Kostenverlauf des Unternehmens und von den Erlösen, die erzielt werden können.

62. Welche Faktoren bestimmen die Höhe des Preises?

Für die Höhe des Preises, den eine Unternehmung erzielen kann, ist es entscheidend, ob sein Vorgehen von den Aktionen anderer Unternehmungen abhängig ist. Es ist also entscheidend, ob Wettbewerb herrscht. Je stärker der Wettbewerb ist, desto geringer ist die Marktmacht des einzelnen Unternehmens.

63.   Was bezeichnet man als Marktform?

Als Marktform bezeichnet man ein gedankliches Modell, das die Situation auf den Märkten charakterisiert und zwar im Hinblick auf die Zahl der Marktteilnehmer und den damit gegebenen Konkurrenzbeziehungen. Für die Preisbildung werden die Angebots- und Nachfragebeziehungen auf den Märkten in vollständige Konkurrenz, Monopole, Obligopole und Polypole unterteilt.

64.   Was erschwert den Marktzutritt neuer Anbieter?

Absolute Kostenvorteile der bestehenden Unternehmungen durch Patente, die eine Kontrolle der Produktionsmethoden ermöglichen, Vorteile in der Rohstoff- und Materialbeschaffung, das Vorhandensein von spezialisierten Fachkräften, eine günstige Kapital- und Kreditbeschaffung, Vorteile im Absatz durch eingeführte Erzeugnisse, ein sicherer Kundenstamm, eine eingeführte Absatzorganisation.

65.   Welche Wirkungen haben die Marktformen auf die Preisbildung?

Werden Angebotspreise durch das Verhalten einzelner Anbieter beeinflußt, so spiegelt die Preisbildung nicht mehr das objektive Knappheitsverhältnis der Produktionsmittel und Produkte im Verhältnis zur Nachfrage wider. Der einzelne Anbieter ist gezwungen, seine Angebotsmenge zu regulieren.

V. Konjunkturtheorie und -politik

66.   Was versteht man unter Konjunktur?

Unter Konjunktur versteht man das Phänomen mehrjähriger und in gewisser Regelmäßigkeit auftretender wirtschaftlicher Wechsellagen, denen das gesamte nationale und meist auch internationale Wirtschaftsleben in Form von expansiven und kontraktiven Prozessen unterworfen ist. Die Bezeichnung Konjunktur ist als Oberbegriff für die verschiedenen Konjunkturphasen – Aufschwung, Hochkonjunktur, Abschwung, Tiefstand – anzusehen.

67.   Wie können die einzelnen Konjunkturphasen charakterisiert werden?

In der Depressionsphase (der Krise) ist eine Unterbeschäftigung mit niedrigen Löhnen, sinkenden Gewinnen und stark eingeschränkter Investitionstätigkeit üblich. In der Wiederbelebungsphase (dem Aufschwung) steigt die Investitionstätigkeit. Zunächst herrscht ein stabiles Lohn- und Preisniveau, die Aktienkurse steigen. In der Hochkonjunktur herrschen Voll- oder sogar Überbeschäftigung mit Preis- und Lohnsteigerungen und hohen Gewinnen. Es beginnen die Geld- und Kreditschwierigkeiten. In der folgenden Rezessionsphase herrschen Abschwung und Kontraktion bei nachlassender Investitionstätigkeit, Kurse und Gewinne sinken. Unternehmenszusammenbrüche und Arbeitslosigkeit sind die Folge.

68.   Welche Zusammenhänge bestehen zwischen Sparen und Investieren?

In der Regel wird nicht das ganze, den Haushalten zur Verfügung stehende Einkommen für den Konsum ausgegeben. Teile des Einkommens werden gespart. Das Sparen ist aber nur dann sinnvoll, wenn das Geld wieder in die Produktion fließt.

69.   Wer leitet das Spargeld in die Produktion?

Aufgabe der Banken ist es, die gesparten Gelder zu sammeln und den Unternehmen als Kredite für Investitionen zur Verfügung zu stellen, damit auf diese Weise die Produktion ausgeweitet oder die Produktionsstruktur verbessert werden kann.

70.   Welche verschiedenen Einkommensarten gibt es?

Zum einen gibt es Einkommen, die autonom festgesetzt werden, ohne zwingenden inneren Zusammenhang mit dem Marktgeschehen und ohne Berücksichtigung des Verhältnisses von Angebot und Nachfrage, und zum anderen gibt es Einkommen, deren Entwicklung nur das Geschehen auf dem Markt widerspiegelt. Zur ersten Gruppe gehören die Löhne und Gehälter, die durch die Sozialpartner tarifvertraglich festgelegt werden und die mithin für die Unternehmungen Datum sind und ferner die öffentlichen Einkommensübertragungen an private Haushalte, wie Pensionen, Renten, Wohngelder, die auf Gesetzen beruhen und meist in unmittelbarem Zusammenhang mit den Einkommen aus Lohn und Gehalt stehen. Alle anderen Einkommen aus Unternehmertätigkeit und Vermögen unterliegen dem Marktgesetz. Das Einkommen aus dem Vermögen ist abhängig vom Zinsniveau, das Einkommen aus Unternehmertätigkeit vom Verhältnis von Angebot und Nachfrage und den Preisen, die die Unternehmer aufgrund dieses Verhältnisses für die von ihnen angebotenen Waren oder Leistungen erhalten.

71.   Was sind die Aufgabenbereiche des Staates?

a) Allgemeine Staatsaufgaben. Sie erfordern Ausgaben für die Verwaltung, die Rechtspflege, die Verteidigung;

b) Sozialaufgaben. Sie bedingen Ausgaben bei der Sozialversicherung;

c) Ökonomische Aufgaben. Sie erfordern Ausgaben für den Wohnungsbau, das Verkehrswesen, die Wirtschaftsförderung;

d) Ausgaben für die Förderung von Bildung und Wissenschaft;

e) Umweltschutzaufgaben.

72.   Was sind die Ziele moderner Finanzpolitik?

Die Finanzpolitik ist in den Dienst der Wirtschaftspolitik gestellt. In Verbindung mit der Kredit- und Währungspolitik wird die Finanzpolitik zur Verwirklichung wirtschaftspolitischer Zielsetzungen eingesetzt. Diese Ziele sind ein stetiges, möglichst gleichmäßiges Wirtschaftswachstum, die Sicherung der Vollbeschäftigung, die Aufrechterhaltung eines stabilen Geldwertes und eine ausgeglichene Zahlungsbilanz.

73.   Was ist die Aufgabe des Staates im Bereich der Konjunkturpolitik?

Der Staat muß die Konjunktur regulieren, indem er sich antizyklisch verhält. In Situationen konjunktureller Überhitzungen werden Staatsausgaben eingeschränkt oder zeitlich hinausgeschoben und einzelne Steuersätze erhöht. Bei Anzeichen von Depressionen werden die öffentlichen Ausgaben erhöht und Steuern, die die Investitionen oder den Konsum belasten, gesenkt. Im Ergebnis treten dann in der Depression Budgetfehlbeträge auf, die auf dem Wege über Kredite gedeckt werden müssen und in Zeiten der Überkonjunktur ergeben sich Einnahmenüberschüsse, die gehortet, d.h. so lange, wie dies wirtschaftlich nötig ist, bei der Zentralbank stillgelegt oder zur Tilgung von Staatsschulden verwandt werden.

74.   Wie kann der Staat die Produktivität fördern?

Er kann Sparen und Investieren sowie Forschung und Entwicklung steuerlich begünstigen und damit die Wirtschaft positiv beeinflussen oder er kann produktivitätsfördernde Ausgaben tätigen.

75.   Wie beeinflußt der Staat die Einkommensverteilung?

Dies ist sowohl bei den Staatseinnahmen als auch bei den Staatsausgaben möglich. Bei den Staatseinnahmen geschieht die Umverteilung durch eine stärkere steuerliche Belastung bestimmter Bevölkerungsgruppen. Über die Staatsausgaben nimmt der Staat Einfluß, indem er an bestimmte Gruppen Unterstützungsgelder zahlt.

76.   Wie wirkt die Finanzpolitik als Teil der Wirtschaftspolitik?

Wirtschafts- und finanzpolitische Instrumente müssen zur Durchsetzung verschiedener, gleichzeitig zu verwirklichender Zielsetzungen eingesetzt werden, und zwar so, daß sie sich ergänzen und nicht gegenteilige Wirkungen erzeugen. Dazu bedarf es der Abstimmung mit den übrigen Instrumenten der staatlichen Wirtschaftspolitik, nämlich der Geld-, Währungs-, Kredit- und der Außenhandelspolitik. In Verbindung mit der Geld-, Kredit- und Währungspolitik wird das Kreditvolumen der Volkswirtschaft bestimmt und die

Gesamtnachfrage reguliert, in Verbindung mit der Außenhandelspolitik selbst bei liberalisierten Ein- und Ausfuhren eine Regulierung des Handelsverkehrs mit dem Ausland herbeigeführt.

77. Welche Wirkungen haben die staatlichen Maßnahmen auf die Unternehmungen?

Die staatlichen Einnahmen- und Ausgabengebarung beeinflußt einerseits die Entscheidungen der Haushalte über die Höhe des Konsums, der Ersparnis und des Arbeitsangebotes und andererseits die Entscheidungen der Unternehmungen über die Höhe der Nachfrage nach Produktionsfaktoren bei gegebener Kapazität und über die Höhe der Investitionstätigkeit zur Ausweitung der Kapazitäten. Diese Wirkungen sind beträchtlich. Von besonderer Bedeutung sind sie im betrieblichen Bereich. Investitionsentscheidungen sind nämlich nicht nur von der Höhe der Löhne, der Lohnnebenkosten sowie der Nachfrageentwicklung abhängig, sondern werden auch wesentlich von der steuerlichen Behandlung der Investitionen und den Abschreibungsmöglichkeiten beeinflußt.

78. Welche Ausgaben des Staates beeinflussen die Unternehmensentscheidungen außerdem?

Die Ausgaben des Staates für allgemeine Aufgaben spielen bei den Überlegungen der Unternehmungen im Hinblick auf die Investitionen eine Rolle. Werden beispielsweise die Renten erhöht, so ist dies zunächst für die Konsumgüterindustrie ein Anreiz zu verstärkten Investitionen, weil sie mit einem erhöhten Absatz rechnen kann. Erhöht der Staat die direkten Steuern zum Zwecke des Haushaltsausgleichs, so wirkt sich diese Maßnahme über die Lohnforderungen der Gewerkschaften ebenfalls im Investitionsbereich aus. Im Falle staatlicher Kreditaufnahme müssen sich die Unternehmen auf eine Zinssteigerung und damit auf eine Verteuerung der Investitionen einstellen, sofern die staatliche Nachfrage zusätzlich zu dem privaten Kreditbedarf auftritt.

79. Welche Wirkungen haben die Handelsbeziehungen mit dem Ausland?

Umfang und Zusammensetzung von Export und Import sind durch ihren Einfluß auf den Geld- und Güterkreislauf für jede Volkswirtschaft von entscheidender Bedeutung. Falls der Export den Import über einen längeren Zeitraum stark übersteigt (aktive Handelsbilanz) wird sich der Beschäftigungsgrad im Inland erhöhen und möglicherweise zur Überbeschäftigung führen. Wenn das dadurch erhöhte Gesamteinkommen der Arbeitnehmer überwiegend oder gar vollständig auf dem Markt als Nachfrage wirksam wird, steht nicht die adäquate Gütermenge zur Verfügung, da ein Teil der inländischen Produktion ausgeführt, aber nicht entsprechend viele ausländische Güter eingeführt wurden. Die das Angebot übersteigende Nachfrage birgt die Gefahr von Preissteigerungen im Inland. Falls umgekehrt der Import wesentlich höher wird als der Export, entsteht im Inland Unterbeschäftigung und das Einkommen der Arbeitnehmer geht zurück. Es kommt zwar viel Ware auf den Markt, aber die Nachfrage danach ist zu niedrig, da das verfügbare Einkommen geringer geworden ist. Die Preistendenz ist sinkend.

80. Welche Rolle spielen die Banken im Wirtschaftssystem?

Die Banken haben u.a. die Funktion, Spargelder gegen Zinsen an die Einleger zu sammeln und als Kredite an Unternehmungen wieder auszuleihen. Hierfür nehmen sie einen höheren Zins als sie an die Sparer zahlen. Die Zinsdifferenz deckt die Kosten der Banken und ermöglicht Gewinn. Die Unternehmungen können sich vielfach nur mit Hilfe von Krediten vergrössern und sind zur Investition auf Fremdkapital angewiesen. Die Banken können aber auch sog. Geldschöpfung betreiben, indem sie mehr Geld verleihen, als bei ihnen in Form von Spargeldern eingezahlt wurde. Auf diese Weise vergrößert sich gesamtwirtschaftlich die Geldmenge.

81. Was sind die Folgen der Geldschöpfung?

Es kann mehr investiert werden. Dadurch vergrößert sich die Produktion. Es werden mehr Arbeitskräfte beschäftigt. Das zusätzliche Einkommen erhöht die Gesamtnachfrage. In einer bisher unterbeschäftigten Wirtschaft bedeutet dies einen Konjunkturaufschwung. Besteht jedoch bereits Vollbeschäftigung, dann führen die durch Geldschöpfung ermöglichten Kredite meist zu keiner nennenswerten Produktionsausweitung mehr, da keine zusätzlichen Arbeitskräfte beschafft werden können. Die Kredite fließen in höhere Löhne oder Zinsen. Dem so erhöhten Einkommen und der dadurch erhöhten Gesamtnachfrage steht auf dem Markt kein entsprechend erhöhtes Güterangebot gegenüber. Mithin sind Preissteigerungen unvermeidlich. Diese Gefahr der Preissteigerungen besteht auch dann, wenn die Kredite für Exportaufträge benötigt werden. Der durch die erhöhte Produktion vergrößerten Beschäftigtenzahl und dem so vermehrten Einkommen der Beschäftigten steht keine entsprechend erhöhte Warenmenge zur Verfügung, da die zusätzlich produzierten Güter exportiert werden. Die Bezahlung der Exporte bringt zusätzliches Geld ins Inland und verstärkt die Tendenz zur Preissteigerung.

VI. Der Betrieb als Teil der Volkswirtschaft

82. Nach welchen Kriterien können die Unternehmungen eingeteilt werden?

Nach Wirtschaftszweigen (Handwerk, Industrie, Handel, Banken, Versicherungen, Verkehrsbetriebe),
nach der Art der erstellten Leistung (Produktions- oder Sachleistungsbetriebe, Dienstleistungsbetriebe),
nach der Zielsetzung,
nach der Betriebsgröße,
nach der Rechtsform,
nach dem Standort,
nach dem vorherrschenden Produktionsfaktor (Urproduktion, Verarbeitende Betriebe),
nach den Fertigungsverfahren,
nach der Art der Maschinenaufstellung und
nach dem Vorherrschen einzelner Funktionen.

83. Wie werden die Dienstleistungsbetriebe unterteilt?

Dienstleistungsbetriebe verkaufen Dienstleistungen und werden wie folgt unterteilt:
Handelsbetriebe, Verkehrsbetriebe, Bankbetriebe, Versicherungsbetriebe, Sonstige Dienstleistungsbetriebe.

84. Was ist die Aufgabe der Handelsbetriebe?

Handelsbetriebe sorgen für die Verteilung der Waren der Produktionsbetriebe, indem sie die Waren in geeigneten Zusammenstellungen (Sortimenten) den Käufern in der Regel durch Werbung an den Orten des Bedarfs anbieten.

85. Was ist die Aufgabe der Verkehrsbetriebe?

Sie übernehmen einmal den Transport von Gütern und Personen auf der Straße, der Schiene, dem Luft- oder Wasserweg und zum anderen die Nachrichtenübermittlung.

86. Was ist die Aufgabe der Bankbetriebe?

Sie übernehmen Dienstleistungen im Zahlungs- und Kreditverkehr.

87. Was ist die Aufgabe der Versicherungsbetriebe?

Sie übernehmen gegen Prämien die Deckung eines zufälligen, aber abschätzbaren Vermögensbedarfs im Schadensfall.

88.   Was versteht man unter Sonstigen Dienstleistungsbetrieben?

Betriebe des Gaststätten- und Beherbergungsgewerbes, Betriebe der Freizeit-
und Urlaubsgestaltung, Wohnungsvermittler, Makler, die freien Berufe
(Ärzte, Zahnärzte, Rechtsanwälte, Steuerberater, Wirtschaftsprüfer, Kommissionäre) usw.

89.   Wie werden die Betriebe nach ihrer Zielsetzung unterschieden?

Man unterscheidet privatwirtschaftliche, gemeinwirtschaftliche und genossenschaftliche Betriebe.
Privatwirtschaftliche Betriebe erstreben einen Gewinn. Gemeinwirtschaftliche oder öffentliche Betriebe (z.B. Verkehrsbetriebe, Versorgungsbetriebe,
wie Gas-, Wasser- und Elektrizitätswerke, streben nicht in erster Linie Gewinn an, sondern wollen auf der Basis der Deckung der Selbstkosten den
Verbrauchern ihre Leistungen zur Verfügung stellen. Genossenschaftliche
Betriebe wollen die Leistungsfähigkeit ihrer Mitglieder, insbesondere von
Klein- und Mittelbetrieben, stärken.

90.   Wie werden die Betriebe nach der Betriebsgröße unterteilt?

Hinsichtlich der Betriebsgröße wird nach Umsatz, Beschäftigtenzahl und
Kapital in Klein-, Mittel- und Großbetriebe unterschieden. Zu den Kleinbe-
trieben rechnet man Betriebe mit bis zu 50 Beschäftigten, eine Umsatz-
höhe und ein investiertes Kapital bis zu 0,5 bzw. 1,5 Millionen DM, Mittelbetriebe bis zu 200 Beschäftigten, ein investiertes Kapital bis 3 Millionen
DM und einen Umsatz bis zu 8 Millionen DM. Betriebe, die diese Grenzen
überschreiten, werden zu den Großbetrieben gerechnet.

91.   Wie werden die Betriebe nach der Rechtsform unterteilt?

Man unterscheidet die Einzelfirma und die Gesellschaft. Die Gesellschaften
werden wiederum in Personen- und Kapitalgesellschaften unterteilt. Zu den
Personengesellschaften zählen die Gesellschaft bürgerlichen Rechts, die
Stille Gesellschaft, die Offene Handelsgesellschaft, die Kommanditgesellschaft und zu den Kapitalgesellschaften die GmbH, die AG und die Kommanditgesellschaft auf Aktien sowie die Genossenschaft.

92.   Wie werden die Betriebe nach dem Standort unterteilt?

Man unterscheidet:
a) Material- oder rohstofforientierte Betriebe,
b) arbeitsorientierte Betriebe,

c) abgabenorientierte Betriebe,
d) energie- bzw. kraftorientierte Betriebe,
e) verkehrsorientierte Betriebe,
f) absatzorientierte Betriebe,
g) traditionsorientierte Betriebe.

93. Wie werden die Betriebe nach dem vorherrschenden Produktionsfaktor unterteilt?

Arbeitsorientierte Betriebe sind Betriebe mit einem hohen Lohnkostenanteil an den gesamten Produktionskosten,
materialintensive Betriebe sind Betriebe mit einem hohen Materialanteil an den Produktionskosten,
anlagenintensive Betriebe sind Betriebe mit einem hohen Bestand an Betriebsmitteln.

94. Wie werden die Betriebe nach dem vorherrschenden Fertigungsverfahren unterteilt?

Betriebe mit Massenfertigung, mit Serienfertigung, mit Sortenfertigung, mit Partiefertigung, mit Chargenfertigung und Betriebe mit Einzelfertigung.

95. Wie werden die Betriebe nach der Art der vorherrschenden Maschinenaufstellung unterteilt?

Man unterteilt in:
Betriebe mit Werkstattfertigung, mit Reihenfertigung, mit Fließbandfertigung und Betriebe in der Form der Baustellenfertigung.

96. Wie werden die Betriebe nach dem Vorherrschen einzelner Funktionen unterteilt?

Man unterscheidet:
Beschaffungsbetonte Unternehmungen, produktionsbetonte Unternehmungen, lagerbetonte Unternehmungen, absatzbetonte Unternehmungen, finanzbetonte Unternehmungen.

97. Was ist die Aufgabe der Unternehmung?

Aufgabe der Unternehmung ist es, die betrieblichen Produktionsfaktoren zu kombinieren, planmäßig unter einer einheitlichen Leitung zusammenzufassen und entweder Güter zu produzieren, Güter auszutauschen oder Dienstleistungen bereitzustellen.

98. Welche Produktionsfaktoren werden in der Unternehmung unterschieden?

Man unterscheidet:
Anlagen (Grundstücke, Gebäude, Maschinen, Werkzeuge), Betriebsmittel (Rohstoffe, Halberzeugnisse), die ausführende Arbeit und die dispositive Leistung.

99. Welche Bedeutung hat der dispositive Faktor?

Der dispositive Faktor, d.h., die Leistung des Unternehmers und der Führungskräfte im Betrieb, ist erforderlich, um die übrigen Produktionsfaktoren so miteinander zu kombinieren, daß ein optimaler Unternehmenserfolg erzielt werden kann.

100. Was versteht man unter Erfolg?

Der Erfolg ist die Differenz zwischen Aufwand (Kosten) und Ertrag.
Erfolg = Ertrag · /. Aufwand.

101. Welche Voraussetzungen müssen vorliegen, damit ein optimaler Erfolg erzielt werden kann?

Es müssen beachtet werden:
Das Wirtschaftlichkeitsprinzip, das Rentabilitätsprinzip, das Liquiditätsprinzip.

102. Was versteht man unter der Wirtschaftlichkeit?

Das ökonomische Prinzip erfordert bekanntlich, daß ein bestimmtes Produktionsergebnis mit einem möglichst geringen Einsatz von Material, Arbeitskräften und Maschinen erzielt wird oder umgekehrt der Einsatz einer bestimmten Menge ein möglichst hohes Ergebnis bringt.
Wirtschaftlichkeit ist daher das Verhältnis von Ertrag und Aufwand oder von Leistung und Kosten.

$$\text{Wirtschaftlichkeit} = \frac{\text{Ertrag}}{\text{Aufwand}} \quad \text{oder} \quad \frac{\text{Leistung}}{\text{Kosten.}}$$

103. Was besagt das Rentabilitätsprinzip?

Dem Rentabilitätsprinzip ist dann entsprochen, wenn das im Unternehmen investierte Kapital während einer Rechnungsperiode einen möglichst hohen Gewinn abwirft. Die Angabe einer absoluten Gewinngröße sagt aber noch nichts über den Unternehmenserfolg aus. Dieser wird erst dann erkennbar, wenn der Gewinn in eine Relation zum eingesetzten Kapital gestellt wird.

Rentabilität ist mithin das Verhältnis von erzieltem Erfolg (Gewinn) zum eingesetzten Kapital:

$$\text{Rentabilität} = \frac{\text{Gewinn x 100}}{\text{Kapital}}$$

104. Worin liegt der Unterschied zwischen Wirtschaftlichkeit und Rentabilität?

Während die Wirtschaftlichkeit dazu dient, die Ergiebigkeit einer Leistung oder eines Kostenaufwandes zu messen, ist die Rentabilität das Ziel der betrieblichen Bestrebungen.

105. Was besagt das Liquiditätsprinzip?

Das Liquiditätsprinzip besagt, daß ein Unternehmen jederzeit in der Lage sein muß, fristgemäß seinen Zahlungsverpflichtungen nachzukommen.

$$\text{Liquidität} = \frac{\text{flüssige Mittel x 100}}{\text{Bedarf an flüssigen Mitteln}}$$

106. Wie wirken die Produktionsfaktoren im Betrieb zusammen?

Je nach dem Zweck des Unternehmens, d.h., ob es sich um ein Produktions- oder um ein Handelsunternehmen handelt, müssen unterschiedliche Grundsatzüberlegungen zur optimalen Kombination der Produktionsfaktoren angestellt werden.

Bei Produktionsunternehmungen sind Entscheidungen über die Wahl und die Gestaltung der Erzeugnisse sowie bei der Vorbereitung und dem Ablauf des Produktionsprozesses in Verbindung mit kostenmäßigen und finanzwirtschaftlichen Überlegungen anzustellen. Das optimale Produktionsprogramm kann mit Hilfe rechnerischer Verfahren bestimmt werden. Bei Handelsbetrieben sind Entscheidungen im Hinblick auf das anzustrebende Absatzziel und die zur Erreichung dieses Zieles einzusetzenden Mittel zu treffen. Mithin haben die einzelnen Produktionsfaktoren und Funktionen je nach dem Betriebzweck und nach der Art des Betriebes eine unterschiedliche Bedeutung. So tritt z.B. im Handelsbetrieb die Fertigungsfunktion in den Hintergrund, während die Lagerung von besonderer Wichtigkeit ist.

107. Was ist die Aufgabe der Beschaffung?

Aufgabe der Beschaffung ist es, alle benötigten Erzeugnisse in ausreichender Menge und Qualität in der benötigten Zeit zur Verfügung zu stellen.

108. Welche Finanzierungsmöglichkeiten hat ein Betrieb?

Kapital kann der Unternehmung vom Eigentümer zufließen (Eigenfinanzierung). Es kann von Dritten für eine bestimmte Zeit oder dauernd zur Verfügung gestellt werden (Fremdfinanzierung). Es können aber auch vom Unternehmen selbst erwirtschaftete Gewinnteile wieder im Unternehmen eingesetzt werden (Selbstfinanzierung).

109. Was versteht man unter Kosten?

Kosten sind wertmäßiger Verzehr von Gütern und Dienstleistung zur betrieblichen Leistungserstellung.

110. Was versteht man unter Aufwand?

Unter Aufwand versteht man den einem bestimmten Rechnungsabschnitt zuzurechnenden Verbrauch eines Unternehmens an Sachgütern, Arbeits- und Dienstleistungen und die von dem Unternehmen zu tragenden Steuern, Abgaben und Gebühren, und zwar ohne Rücksicht darauf, ob dieser Verbrauch in unmittelbarem oder mittelbarem Zusammenhang mit dem ursprünglichen Betriebszweck erfolgt.

VII. Der Handel als Teil der Volkswirtschaft

111. Was ist die Aufgabe des Handels?

Die Aufgabe des Handels im Rahmen der Gesamtwirtschaft ist die Verteilung der Waren. Die Industrie erzeugt ständig Güter. Sie regt an und beschleunigt den Geschmacks-, Stil- und Modewandel. Die so erzeugten Güter werden durch den Handel dem Verbraucher zugeführt.

112. Welche Wirkungen hat der Handel auf die Struktur der Produktion?

Wandelt sich z.B. der Verbrauchergeschmack, so wird die Anpassung der Produktionsstruktur um so schneller vollzogen sein, je schneller der Handel reagiert. Umgekehrt haben neue Produkte um so größere Marktchancen, je schneller der Handel sein Sortiment und seine Werbung darauf einstellt. Dem Handel kommt aber auch im Hinblick auf die von ihm unterhaltenen Läger eine große Bedeutung bei konjunkturellen Schwankungen zu.

113. Wodurch ist ein Handelsunternehmen charakterisiert?

Es kombiniert Dienstleistungen mit dem Warenumsatz.

114. Wie wird der Handel unterteilt?

Der Handel kann nach verschiedenen Kriterien unterteilt werden, und zwar: Nach dem Abnehmerkreis, nach den Gegenständen des Handels, nach der räumlichen Gliederung, nach den Eigentumsverhältnissen und nach dem Sitz der Betriebstätte.

115. Wie wird der Handel nach dem Abnehmerkreis unterteilt?

Man unterscheidet:

Den Großhandel, d.h., den Verkauf an gewerbliche Verwender, Großverbraucher und Wiederverkäufer,

den Einzelhandel, d.h., den Verkauf verwendungsreifer Konsumgüter an Letztverbraucher.

116. Wie wird der Handel nach den Gegenständen des Handels unterteilt?

Es lassen sich folgende Arten unterscheiden:

Handel mit unbeweglichen Gütern (Grund und Boden, Gebäude),

Handel mit beweglichen Gütern (Rohstoffhandel, Investitionsgüter, Halbfabrikate- und Zubehörhandel, Fertigwarenhandel),

Handel mit Dienstleistungen, Rechte, Patente, Lizenzen, Wertpapier- und Geldhandel.

Der Handel kann aber auch nach Warengruppen unterteilt werden, und zwar in den Bereich der Nahrungs- und Genußmittel und den Nichtlebensmittelbereich (non-food-Bereich) und diesen wieder in die Hauptgruppen: Textilien und Bekleidung; Schuhe; Elektro- und Rundfunkgeräte; Eisen- und Metallwaren; Hohlglas und Keramik; Lacke und Farben; Schreib-Papierwaren und Bürobedarf; Drogen, Pharmazeutika und Kosmetik; Spielwaren; Heimtextilien, Tapeten und Teppiche.

117. Wie wird der Handel nach der räumlichen Gliederung unterteilt?

Man unterscheidet:

Den Binnenhandel und den Außenhandel, d.h., den Handel im grenzüberschreitenden Warenverkehr, und zwar unterteilt als Einfuhrhandel, der die Einfuhr von Waren aus dem Ausland bezweckt und als Ausfuhrhandel, der die Ausfuhr von Waren bezweckt, und den Transithandel, der den Warenverkehr aus dem Ausland durch das Inland in ein anderes Ausland beinhaltet.

118. Wie wird der Handel nach den Eigentumsverhältnissen unterschieden?

Man unterscheidet:

Den Eigenhandel als Handel auf eigene Rechnung und Gefahr, den Kommissionshandel, den unselbständigen Handel als Wahrnehmen der Handelsfunktion durch andere Betriebe.

119. Wie wird der Handel nach dem Sitz der Betriebstätte unterteilt?

Es wird unterschieden:
Der ortsgebundene oder seßhafte Handel, der Versandhandel und der Wanderhandel.

120. Wie läßt sich der Einzelhandel untergliedern?

Es bieten sich die folgenden Einteilungskriterien an:
Nach den Sortimenten, nach dem Standort, nach der Methode der Leistungserstellung, nach der Betriebsgröße, nach dem Betriebsträger, nach der Preisgestaltung und nach der Verkaufsorganisation.

121. Wie ist die Gliederung der Einzelhandelsbetriebe nach ihrem Standort?

Man unterscheidet:
Einzelhandelsgeschäfte mit festem Verkaufslokal (Ladengeschäft),
Einzelhandelsgeschäfte ohne festes Verkaufslokal (z.B. Marktgeschäfte, ambulanter Handel, Hausierhandel),
zentralisierte Einzelhandlungen und dezentralisierte Einzelhandlungen (Filialgeschäfte).

122. Wie werden die Betriebe nach der Leistungserstellung gegliedert?

Man unterscheidet:
Fremdbedienungsbetriebe, Selbstbedienungsläden (Betriebe mit partieller Selbstbedienung, Betriebe mit totaler Selbstbedienung = automatischer Verkauf).

123. Wie werden die Einzelhandelsbetriebe nach der Betriebsgröße unterteilt?

Man unterscheidet: Groß-, Klein- und Mittelbetriebe.
Die Großbetriebe sind typisch für den Verkauf von Waren des mittel- und des langfristigen Bedarfs und von problemlosen Waren, die Klein- und Mittelbetriebe überwiegen bei Waren des kurzfristigen Bedarfs und bei erklärungsbedürftigen Waren.

124. Wie ist die Gliederung der Einzelhandelsbetriebe nach ihrer Preisgestaltung?

Man unterscheidet:

Einzelhandelsunternehmungen mit Barzahlung sowie Einzelhandelsbetriebe nach dem Prinzip der Abzahlung.

125. Wie werden die Einzelhandelsgeschäfte nach der Verkaufsorganisation unterteilt?

Fremdbedienungsläden, Selbstbedienungsläden, Supermarkets, Verbrauchermärkte, Discountgeschäfte (insbesondere Geschäfte mit schmalem Sortiment und hohem Warenumschlag).

126. Was sind die wichtigsten Arten des Ladengeschäfts im Einzelhandel?

Das Ladengeschäft ist die herkömmliche Form des Einzelhandels. Das Verkaufsgeschehen wird durch Ladenraum, Schaufenster und das Bedienungsprinzip bestimmt. Dabei werden unterschieden:

Das Fachgeschäft, das Waren einer Branche (tiefes Sortiment) mit ergänzenden Dienstleistungen anbietet, wobei in vielen Branchen das Bedienungsprinzip überwiegt.

Das Gemischtwarengeschäft, das Waren der verschiedensten Branchen enthält und insbesondere in ländlichen Gegenden üblich ist.

Das Warenhaus ist ein Einzelhandelsgroßbetrieb, der in verkehrsgünstiger Geschäftslage Waren mehrerer Branchen bei unterschiedlichen Bedienungsformen anbietet.

Das Kaufhaus ist ein Großbetrieb des Fachgeschäftes.

Filialbetriebe sind Betriebe mit mindestens fünf standörtlich getrennten, aber unter einheitlicher Leitung stehenden Verkaufsstellen.

Die Freiwillige Kette ist eine Form der Kooperation, bei der sich Groß- und Einzelhandelsbetriebe meist gleichartiger Branchen zur gemeinsamen Durchsetzung unternehmerischer Aufgaben vorwiegend unter einheitlichen Organisationszeichen zusammenschließen.

Der Versandhandel ist eine Form des Einzelhandels, bei der Waren mittels Katalog, Prospekt, Anzeige bzw. durch Vertreter angeboten und dem Käufer nach Bestellung auf dem Versandweg durch die Post oder auf andere Weise zugestellt werden. Die Versandhandlungen unterhalten zum Teil auch offene Verkaufsstellen, wie umgekehrt der stationäre Einzelhandel sich mitunter ebenfalls im Versandhandel durch Schaffung besonderer Versandabteilungen betätigt.

Das Selbstbedienungsgeschäft ist ein Typ, bei dem ganz oder überwiegend auf Bedienung durch Verkaufspersonal verzichtet wird. Es hat sich aus dem

Bestreben nach möglichst weitgehender Vereinfachung und Beschleunigung des Verkaufsablaufs entwickelt.

Der Fachmarkt: Fachmärkte sind vergleichsweise großflächige Einzelhandelsbetriebe, die im Rahmen ihres zielgruppen- oder bedarfsorientierten Spezialisierungskonzepts ein breites und tiefes Sortiment führen. Sie bieten eine gut gegliederte, übersichtliche Warenpräsentation mit der Möglichkeit zur Vorwahl und Selbstbedienung.

Fachmärkte können sein: warenorientiert (Tiefkühlzentren, Getränkemärkte), bedarfsorientiert (Gesundheitsfachmärkte, Gartencenter, Hobby- und Heimwerkermärkte), segmentorientiert (Bekleidung, Schuhe, Möbel, Elektro, Stereo).

127. Wie wird der Großhandel gegliedert?

Man unterscheidet:
Nach dem Sortiment den Spezialgroßhandel und den Fachgroßhandel.
Nach den marktbezogenen Funktionen: Den Aufkaufgroßhandel, den Absatzgroßhandel.

Bei dieser Form kaufen die Großhandelsbetriebe von Herstellern bestimmte Erzeugnisse in größeren Mengen ab, die von nachgeordneten Betrieben nur unregelmäßig oder in kleinen Mengen als Zusatzstoffe benötigt werden; mithin werden zwei aufeinanderfolgende Produktionsstufen verbunden, deren Verkaufs- und Beschaffungsprogramm in diesen Gütern nicht aufeinander abgestimmt ist.

Der Großhandel ist

Spezialgroßhandel, wenn er sich nur mit einer Warenart befaßt, Sortimentsgroßhandel, wenn er Waren aus verschiedenen Bereichen führt.

Cash- u. Carry-Betrieb, wenn die Ware vom Käufer im Wege der Selbstbedienung gegen Barzahlung entnommen wird.

Ein Großhandelszentrum stellt die räumliche Zusammenfassung einer Mehrzahl von Großhandlungen an einem geeigneten Standort dar. Das Großhandelszentrum ist darauf eingerichtet, den Einkauf der Kunden zu erleichtern und für die beteiligten Betriebe durch gemeinsame Nutzung bestimmter Einrichtungen wie Bahnanschlüssen, Lagerhallen, Fuhrparks, EDV-Anlagen oder Parkplätze, Kosten zu senken.

128. Was sind die Hilfsgewerbe des Handels?

Die Hilfsgewerbe des Handels haben bestimmte Distributionsaufgaben zu erfüllen. Hierzu zählen die Handelsvertreter, die Handelsmakler, die Kommissionäre, Versteigerer sowie die Märkte, Messen, Ausstellungen, Börsen, Ein- und Ausschreibungen.

129. Was ist eine Ausstellung und deren Aufgabe?

Eine Ausstellung ist eine zeitlich begrenzte Veranstaltung, auf der eine Vielzahl von Ausstellern ein repräsentatives Angebot eines oder mehrerer Wirtschaftszweige oder Wirtschaftsgebiete ausstellt und vertreibt oder über dieses Angebot zum Zweck der Absatzförderung informiert.

130. Was ist die Aufgabe der Messen?

Messen haben das Ziel, Neuheiten vorzuführen, einen Überblick über das ganze Angebot einer oder mehrerer Branchen zu geben und den Absatz der Produkte zu fördern. Man unterscheidet Waren- und Mustermessen.

131. Was versteht man unter einer Börse?

Unter Börse versteht man die regelmäßigen Zusammenkünfte von Kaufleuten an einem bestimmten Ort (der Börse), zu einer bestimmten Zeit, um Kaufverträge über vertretbare (fungible) Güter oder Geldwerte (Effekten und Devisen) abzuschließen. Die Vertretbarkeit der Güter wird erreicht durch die Festlegung von Mustern, Typen und Standards, die den Geschäftsabschlüssen zugrunde gelegt werden. Die gehandelten Waren sind an der Börse nicht vorhanden, häufig noch unterwegs oder noch garnicht lieferbar. Typische vertretbare Waren sind Baumwolle, Wolle, Getreide, Kaffee, Metalle, Jute, Sisal, Kautschuk.

132. Was versteht man unter Standards?

Standards sind Güteklassen, d.h. im Warenverkehr anerkannte Qualitätstypen. Ein Standard ist also der durch Vereinheitlichung geschaffene feste Maßstab für die Lieferung bestimmter Waren. Standards garantieren den gleichen Maßstab der verschiedenen Arten, Sorten und Qualitäten.

133. Worin besteht die Bedeutung der Börse?

Die Bedeutung der Börse besteht in der Markttransparenz, dem Ausgleich von Angebot und Nachfrage und in der örtlichen und zeitlichen Konzentration des Gesamtangebotes und der Gesamtnachfrage nach bestimmten Waren oder Leistungen.

134. Welche Arten von Börsen werden unterschieden?

Man unterscheidet:
Waren- oder Produktenbörse, Wertpapierbörsen, Devisenbörsen, Versicherungsbörsen, Frachtenbörsen für Versandvereinbarungen zwischen Absendern und Frachtführern.

135. Was ist der Gegenstand des Handels?

Gegenstand des Handels können alle Güter sein, die eine im Austausch verwendbare, verkehrsfähige Form haben. Im einzelnen sind dies: Bewegliche Sachgüter (Waren), unbewegliche Sachgüter (Grund und Boden), Dienstleistungen (solche der Transport- und Lagerhäuser, der Versicherungen), Rechte, Patente, Lizenzen, Kapital.

136. Was sind die Hauptaufgaben oder Funktionen des Handels?

Der Handel hat die verschiedensten Funktionen zu erfüllen: Die Markterschließung, die Kontaktfunktion, die Informationsfunktion, die Beratungsfunktion, die Warenumgruppierungsfunktion, die Mengenumgruppierungsfunktion, die Raumausgleichsfunktion, die Zeitausgleichsfunktion, die Veredelungsfunktion.

137. Was versteht man unter Betriebsfaktoren im Handel?

Die Betriebsfaktoren stellen die Mittel dar, die zur Leistungserstellung im Unternehmen zusammenwirken: Menschliche Arbeitsleistung, sachliche Betriebsmittel, Ware, Kapital und die dispositive Leitung.

138. Worin zeigt sich die Bedeutung des Betriebsfaktors der menschlichen Arbeitsleistung?

Die Bedeutung der menschlichen Arbeitsleistung zeigt sich am deutlichsten an der Höhe der Kosten der menschlichen Arbeitsleistung, die im Handel mindestens 40 % betragen, in der Regel, und zwar je nach Branche und Betriebsform unterschiedlich, bereits über 50 % der Gesamtkosten liegen.

139. Was versteht man unter den sachlichen Betriebsmitteln als Betriebsfaktor?

Dem Betriebsfaktor der sachlichen Betriebsmittel ist die Nutzung aller beweglichen und unbeweglichen Sachgüter zuzurechnen, die zum Hervorbringen der Handelsleistung eingesetzt werden.

140. Welche neuen Formen des Absatzes haben sich im Laufe der letzten Jahre im Handel entwickelt?

Der Versandhandel, der Supermarkt, Verbrauchermarkt und Selbstbedienungs-Warenhaus, Cash- and Carry-Lager, Shopping-Center und Rack-Jobber-Methode.

141. Was versteht man unter einem Supermarkt?

Supermärkte sind Einzelhandelsbetriebe, die auf einer Verkaufsfläche von mindestens 400 qm Nahrungs- und Genußmittel aller Art und ergänzend Nichtlebensmittel vorwiegend in Selbstbedienung anbieten.

142. Was versteht man unter Verbrauchermärkten und Selbstbedienungs-Warenhäusern?

Verbrauchermärkte und SB-Warenhäuser sind Einzelhandelsbetriebe, die auf weiträumiger Verkaufsfläche (mindestens 1000 qm) ein warenhausähnliches Sortiment einschließlich der Nahrungs- und Genußmittel vorwiegend in Selbstbedienung anbieten. Sie befinden sich meist am Stadtrand und verfügen über große Kundenparkplätze.

143. Was versteht man unter Cash- and Carry-Lägern?

Cash- and Carry-Läger sind Betriebe, die im Großhandel nach dem Prinzip der Selbstbedienung arbeiten und ein breites Sortiment von Nahrungs- und Genußmitteln sowie Nichtlebensmitteln unter Ausschluß der Zustellung gegen Barzahlung anbieten.

144. Was versteht man unter einem Shopping-center?

Unter einem Einkaufszentrum oder Shopping-center wird die gewachsene oder aufgrund einer Planung entstandene räumliche Konzentration von Einzelhandels- und Dienstleistungsbetrieben verschiedener Art und Größe verstanden.

145. Was versteht man unter der Rack-Jobber-Methode?

Nach dieser Methode werden Supermärkte, Verbrauchermärkte und andere Einzelhandelsgeschäfte mit Waren des Ergänzungssortiments beliefert. Die Rack Jobbers liefern dieses Ergänzungssortiment in Kommission und stellen auch die notwendigen Werbemittel zur Verfügung. Dieses Sortiment wird ständig gewechselt, um den Käufern neue Kaufanreize zu geben.

146. Wodurch ist der Standort im Handel bestimmt?

Der Standort im Handel richtet sich nach den Absatzmöglichkeiten und nach den Absatzkontakten. Voraussetzung für die Existenz eines Handelsunternehmens an einem Standort ist, daß der notwendige Mindestumsatz erzielt werden kann.

147. Was versteht man unter einem konkurrenzmeidenden Standort?

Bei bestimmten Artikeln, bei denen sich die Betriebe in das Absatzpotential zu teilen haben, ist es das Bestreben vieler Betriebe, der Konkurrenz aus dem Wege zu gehen.

148. Was versteht man unter Konkurrenzagglomeration?

In vielen Fällen kann die Attraktivität einer Branche oder einer Einkaufsstraße durch das Hinzukommen eines neuen Betriebes gesteigert werden. Mithin ergeben sich absatzfördernde Maßnahmen aus einer Wettbewerbshäufung.

149. Was ist Trade Mart?

Ein Trade Mart ist die räumliche Zusammenfassung von Verkaufsniederlassungen, Musterräumen oder Außenhandelsbüros der Industrie, des Großhandels und/oder der Handelsvertreter einer Branche. Von jedem vertretenen Unternehmen werden in speziellen Schauräumen, bzw. in kombinierten Schau- und Büroräumen Warenmuster gezeigt, aber auch Hilfsbüros des Handels- und Einkaufsbüros der Kunden sind im Trade Marts vertreten.

150. Was versteht man unter Einkaufsvereinigungen des Einzelhandels?

Einkaufsvereinigungen des Einzelhandels sind organisatorische Zusammenschlüsse selbstständiger Einzelhandelsunternehmen mit dem Zweck kostengünstiger Warenbeschaffung. Sie werden unter den verschiedensten Bezeichnungen geführt, wie z.B. Einkaufs-Ringe, -Verbände, -Zentren, -Kontore). Mit der Gründung von Einkaufsorganisationen versuchen mittelständische Unternehmen sich die Vorteile des Filialprinzips zunutze zu machen, ohne die eigene Entscheidungsfähigkeit aufgeben zu müssen.

Nach der Rechtsform werden Einkaufsgenossenschaften und Einkaufsverbände unterschieden. Aus der Rechtsform werden unterschiedliche Formen der Abrechnung zwischen den angeschlossenen Unternehmen und der Zentrale ersichtlich. Das Eigengeschäft der Einkaufsgenossenschaft erfolgt auf eigene Rechnung und unter eigenem Namen. Die Waren werden entweder auf Lager genommen oder im Streckengeschäft für die Genossenschaft abgesetzt.

Im Fremdgeschäft wird im fremden Namen auf eigene oder fremde Rechnung abgeschlossen, dabei unterscheidet man folgende Formen:

— das Zentralregulierungsgeschäft, d.h. Bezahlung der Mitgliederrechnung durch die Genossenschaft,

— das Delkrederegeschäft, d.h. Übernahme der Ausfallbürgschaft durch die Genossenschaft,

— das Abschlußgeschäft, d.h. Abschluß von Rahmenverträgen durch die Genossenschaft mit einer Abnahmeverpflichtung bestimmter Waren,

— das Empfehlungsgeschäft, d.h. Empfehlung von Lieferanten und Waren durch die Genossenschaft.

151. Was bedeutet Lebenszyklusanalyse?

Bei jedem Produkt werden folgende Phasen unterschieden:

Einführungsphase, Wachstumsphase, Reifephase und Schrumpfungsphase.

In der Einführungsphase, die mit dem Eintritt des Produktes in den Markt beginnt, werden zunächst geringe Mengen abgesetzt. In der Wachstumsphase findet der allgemeine Verbreitungsprozeß eines Gutes statt. In der Reifephase wird die relative Marktsättigung erreicht, das Produkt fällt sodann in die Schrumpfungsphase. Als Ursache für einen Absatzrückgang können technische Verbesserungen des Substitutionsangebots oder Kaufkraft- und Einkommensänderungen gelten, die ihrerseits Veränderungen bestehender Bedarfsstrukturen nach sich ziehen.

B. Betriebsorganisation

I. Aufgaben und Ziele der Betriebsorganisation

1.   Was versteht man unter Organisation?

Unter Organisation wird die planvolle Schaffung einer stetigen, generellen Ordnung verstanden.

2.   Was versteht man unter Planen?

Unter Planen wird einmal das Vorausdenken für die Zukunft, das das Unternehmen im Ganzen oder in einzelnen Bereichen berührt, und zum anderen das geordnete Festlegen von Vorhaben hinsichtlich Inhalt und Umfang sowie der Zeit und der Mittel der Durchführung verstanden.

3.   Was ist die Aufgabe der Organisation?

Die Organisation umfaßt die Summe aller Regelungen zum bestmöglichen Erreichen von erforderlichen, geplanten Zielsetzungen.

4.   Was versteht man unter Organisationsplanung?

Organisationsplanung ist die Planung und Organisation der Maßnahmen, die auf lange Sicht notwendig ist, um den optimalen Zustand der Organisation eines Unternehmens zu erhalten.

5.   Wie wird die Planung organisiert?

Es werden eindeutig definierte Ziele gesetzt, die bewußt anzustreben sind. Die Gesamtheit dieser Ziele und der darauf gerichteten Maßnahmen wird in einem System von Teilplänen zusammengestellt. Gleichzeitig müssen die Teilpläne zu einem Gesamtplan zusammengesetzt werden.

6.   In welchen Phasen vollzieht sich die Planung?

In der ersten Phase müssen die Ziele gesetzt und die Maßnahmen zur Erreichung dieser Ziele festgelegt werden. Man spricht deshalb von Zielplänen und von Maßnahmeplänen, wobei die Zielpläne das Ergebnis nennen, das zu bestimmten Zeitpunkten oder in bestimmten Zeiträumen erreicht werden soll. Die Maßnahmepläne hingegen zeigen den Weg und das Verfahren sowie die Methode, die zur Erreichung des gewünschten Ergebnisses führen sollen. In der 2. Phase werden alle Bedingungen und Einflüsse, die für die Planung von Bedeutung sind, erfaßt. In der dritten Phase werden die zu berücksichtigenden Ziele, Daten und Faktoren zu Alternativen kombiniert und zu Teilplänen verarbeitet. In der 4. Phase werden die einzelnen Teilpläne zu einem System der Gesamtplanung verarbeitet.

7.   Was muß in einem Unternehmen organisiert werden?

In einem Unternehmen müssen zwei Bereiche organisiert werden, und zwar
a) der Aufbau des Unternehmens und seine Gliederung sowie b) der Arbeitsablauf zur Durchführung der zu erfüllenden Aufgaben.

8.   Was versteht man unter der Regelung des organisatorischen Aufbaus?

Hierzu zählen die Ordnung der Zuständigkeiten, der Verantwortung und die
.Verteilung der Kompetenzen.

9.   Was versteht man unter Arbeitsabläufen?

Als Arbeitsablauf bezeichnet man eine Reihe von gleichzeitig oder nacheinander erfolgenden Arbeitsleistungen, die auf die Lösung einer bestimmten
Aufgabe gerichtet sind.

**10.   Welche Zusammenhänge bestehen zwischen Planung und Organisa-
tion?**

Während mit Hilfe der Planung festgelegt wird, was, wieviel, auf welche Weise und mit welchen Kräften gekauft, produziert und verkauft werden soll,
wird bei der Organisation danach gefragt, welche Personen die inhaltlich
festgelegten Aufgaben (d.h. die Zeit, die Termine, die Reihenfolge) und wo
(d.h. die Räume und Arbeitsplätze) im einzelnen durchführen sollen.

**11.   Wie muß die Organisation gestaltet sein, damit sie ihren Aufgaben ge-
recht werden kann?**

Die Organisation muß so gestaltet sein, daß sie
a) alle technischen Probleme regelt, die zur Lösung der Betriebsaufgaben
   gestellt sind,
b) alle Funktionen sachlich und zeitlich richtig aufteilt,
c) alle Funktionen in personeller Hinsicht richtig verteilt, d.h., den Betriebs-
   aufbau regelt,
d) eine zeitliche, räumliche und personelle Abstimmung gewährleistet,
e) sich plötzlichen Veränderungen anpassen kann.

12.   Welche Bereiche sind im Rahmen der Organisation zu regeln?

a) Die Mensch-Mensch-Beziehungen (dies äußert sich im Führungsstil),
b) die Beziehungen zwischen Mensch und Maschine (dies geschieht im Rahmen der Arbeitszerlegung),
c) die Beziehungen zwischen den Maschinen (das ist etwa im Rahmen der
   Vollautomatisierung der Fall).

13.   Welche Organisationsprinzipien müssen beachtet werden?

Die Organisation soll einfach, klar, übersichtlich, mit ihren Teilen abgestimmt und auf die gemeinsamen Ziele und Zwecke ausgerichtet sein.

II. Grundlagen der Betriebsorganisation

14.   Wer hat den Begriff der Arbeitsteilung geprägt?

Der Begriff der Arbeitsteilung wurde von Adam Smith geprägt und in seinem Werk "Der Reichtum der Nationen" verwandt. In Deutschland wurde der Begriff Arbeitsteilung von Karl Bücher systematisch untersucht.

15.   Was versteht man unter Arbeitsteilung?

Unter Arbeitsteilung versteht man die Aufteilung einer bisher von einer Person ausgeführten Arbeit auf mehrere Arbeitsgänge.

16.   Wodurch wird die Arbeitsteilung gefördert?

Die Notwendigkeit der Arbeitsteilung ergibt sich aus den begrenzten Fähigkeiten des Menschen und aus dem begrenzten Fassungsvermögen des Menschen, aus der steigenden Arbeitsbeherrschung infolge qualitativer Begrenzung der Arbeitsaufgabe und aus der Ablösung der menschlichen Arbeit durch die Maschinen.

17.   Was ist der Zweck der Arbeitsteilung?

Sie muß sich der verfügbaren menschlichen Arbeitseignung anpassen, d.h., die Gesamtheit gegebener Aufgaben so untergliedern, daß jedem einzelnen diejenige Arbeit zugeteilt wird, die seinen körperlich-geistigen Anlagen tatsächlich entspricht.

18.   Was sind die Wirkungen der Arbeitsteilung?

Die Wirkungen der Arbeitsteilung liegen in der Aufspaltung ursprünglicher Tätigkeiten in eine Vielzahl von Berufen, in der Arbeitszerlegung und in einer Produktionsteilung, die darin zum Ausdruck kommt, daß die Herstellung der Güter auf viele, voneinander unabhängige Betriebe verteilt ist.

19.   Was versteht man unter Rationalisierung?

Rationalisierung bezeichnet die Summe der Änderungen und Maßnahmen, die die Abläufe und Zustände in einem Unternehmen so verbessern sollen, daß die Unternehmensziele schnell, sicher und mit möglichst geringem Aufwand erreicht werden.

20.   Was sind die Ziele der Rationalisierung?

Maßnahmen der Rationalisierung sollen dazu beitragen, den Unternehmenserfolg zu vergrößern, und zwar durch:
Schnelles Anpassen der Unternehmensziele an veränderte Bedingungen,
Straffen von Führungs-, Verwaltungs- und Kontrollfunktionen,
Entwickeln marktgerechter Erzeugnisse oder Verkaufsprogramme,
Verbesserung der Entscheidungsvorgänge,
Verbesserung der zwischenmenschlichen Beziehungen im Betrieb,
Vermeidung von Fehlleistungen.

21.   Welche Maßnahmen können der Rationalisierung dienen?

Einführung von modernen Führungsorganisationen und Führungsstilen,
die Steigerung der Produktivität,
Verbesserung der Wirtschaftlichkeit durch Überwachung der Kosten und Erträge, der Lagerung, der Produktion und des Warenumschlages.

22.   Wie lassen sich Rationalisierungsziele ermitteln und bewerten?

Hierzu stehen zur Verfügung: Marktanalysen, Finanzanalysen, Standortanalysen, Ertragsanalysen, ferner Analysen der Informationsflüsse, der Entscheidungsfindung, der Aufgabenteilung und Kompetenzabgrenzung.

23.   In welchem Zusammenhang stehen Betriebsorganisation, Rationalisierung und Wirtschaftlichkeit?

Rationalisierung führt zu einer Steigerung der Produktivität, die Produktivitätssteigerung verbessert die Wirtschaftlichkeit, diese wiederum führt zu einer Verbesserung der Rentabilität und die Rentabilitätsverbesserung fördert die Rationalisierung.

24.   Warum ist eine Kontrolle der Organisation erforderlich?

Es genügt nicht, den Betriebsablauf zu organisieren. Es muß auch überwacht werden, ob das betriebliche Handeln mit den Planungen übereinstimmt und ferner, ob die organisatorischen Regelungen effizient sind und eingehalten werden.

25.   Was ist im Rahmen der Betriebsorganisation im einzelnen zu kontrollieren?

Der laufenden Kontrolle unterliegen:

a) Der Unternehmensablauf (z.B. Materialkontrolle, Kontrolle der Abwei-
chungen der Soll-Ist-Werte, des Absatzplanes),
b) die Anpassung des Unternehmens an die Marktverhältnisse,
c) die Effizienz der aufgrund der gegebenen Organisation getroffenen Entscheidungen.

III. Aufbauorganisation

26. Was ist die Aufgabe der Aufbauorganisation?

Aufgabe der Aufbauorganisation ist es, ausgehend von der gegebenen Gesamtaufgabe des Unternehmens eine Aufspaltung in so viel Teil- oder Einzelaufgaben vorzunehmen, daß durch die anschließende Kombination dieser Teilaufgaben zu Stellen eine sinnvolle arbeitsteilige Gliederung und
Ordnung der betrieblichen Handlungsprozesse entsteht. Aufgabe der Aufbauorganisation ist also einmal die Analyse und Zerlegung der Gesamtaufgabe und zum anderen, die Einzelaufgaben auf dem Wege der Stellenbil-
dung wieder zusammenzufassen.

27. Wie läßt sich die Unternehmensaufgabe zergliedern?

Die Unternehmensaufgabe läßt sich sinnvollerweise durch Bildung von Abteilungen zergliedern, z.B. in die Abteilungen Einkauf, Fertigung, Verkauf.

28. Was ist eine Stelle?

Die Stelle ist die Grundlage der Aufbauorganisation. Sie stellt die Zusammenfassung von Teilaufgaben zum Arbeitsbereich einer Person dar.

29. Was versteht man unter Kompetenz?

Unter Kompetenz versteht man die einem Stelleninhaber ausdrücklich zuge-
teilten Rechte und Befugnisse. Ihnen stehen Pflichten und Verantwortungen gegenüber, die der Stelleninhaber zu übernehmen hat.

30. Was versteht man unter dem Leitungssystem?

Das Leitungssystem berücksichtigt die Verteilung der Leitungsaufgaben nach
dem Rangmerkmal und stellt die Beziehungen der einzelnen Stellen unter
dem Gesichtspunkt der Weisungsbefugnis dar.

31. Was versteht man unter dem Kommunikationssystem?

Das Kommunikationssystem regelt die Beziehungen der Stellen unter dem
Gesichtspunkt des Austauschs von Informationen.

32. Welche Bedeutung haben die Rangmerkmale?

Da das Leitungssystem die einzelnen Stellen unter dem Gesichtspunkt der Weisungsbefugnis untereinander verbindet, stellt es ein hierarchisches Gefüge dar. Die Rangverhältnisse der einzelnen Stellen lassen sich als Über-, Unter- und Gleichordnungsverhältnisse ausdrücken.

33. In welchen Formen ist die betriebliche Hierarchie denkbar?

Die betriebliche Hierarchie läßt sich in Form der Organisations- oder Leitungssysteme wie folgt unterteilen: Liniensystem, Funktionssystem, Stabliniensystem, Spartensystem (d.h., die nach Produkten gegliederte Organisation), die nach Märkten gegliederte Organisation, Matrixorganisation.

34. Was versteht man unter dem Liniensystem?

Beim Liniensystem sind alle Organisationsstellen in einem einheitlichen Instanzenweg (Dienstweg, Befehlsweg) eingegliedert, der von der obersten Instanz über mehrere Zwischenstufen zur untersten führt. Die Einhaltung des Dienstweges soll die Einheitlichkeit der Leitung garantieren. In beiden Richtungen, d.h., von oben nach unten und von unten nach oben muß der Instanzenweg für alle Anweisungen und Aufträge genau eingehalten werden, und es müssen auch Instanzen auf einer Ebene den Weg über die nächsthöhere Instanz nehmen, um miteinander in Verbindung treten zu können.

35. Für welche Betriebsgröße ist das Liniensystem geeignet?

Das Liniensystem ist nur für kleinere Betriebe zweckmäßig, denn es schafft klare und übersichtliche Befehlsverhältnisse und eindeutige Abgrenzungen. Es hat aber den Nachteil, daß die Betriebsleitung überlastet wird, weil sie sich um jede Kleinigkeit selbst kümmern muß. Außerdem ist der Befehlsweg zu lang und zu schwerfällig.

36. Was versteht man unter dem Funktionssystem?

Beim Funktionssystem wird auf den Instanzenweg verzichtet. Die Ausführenden haben mehrere, auf verschiedene Sachgebiete spezialisierte Vorgesetzte. Dieses System ist nicht so schwerfällig, jedoch sind die Kompetenzen nicht scharf voneinander abzugrenzen.

37. Was versteht man unter dem Stabliniensystem?

Beim Stabliniensystem handelt es sich um eine Art Liniensystem, bei dem bestimmte Funktionen abgespalten werden, die mit Spezialisten ohne Weisungsbefugnis besetzt werden, d.h., der Instanzenweg des Liniensystems wird beibehalten, wobei einzelnen Instanzen Stabsstellen zugeordnet sind.

38. Was ist die Aufgabe der Stäbe?

Die Stäbe haben die Aufgabe, die Unternehmensleitung oder einzelne Abteilungen bei der Durchführung ihrer Arbeit zu unterstützen und der Linie gewissermaßen Dienstleistungen bereitzustellen mit dem Ziel, der Instanz bei der Wahrnehmung ihrer Aufgaben vorbereitend und unterstützend zu helfen. Die Stabsstellen erhalten Anweisungen, können sie aber nicht weitergeben. Die Stäbe haben aber nicht nur die Aufgabe, Vorschläge zu unterbreiten und bestimmte Aufgaben zu erledigen, sie müssen auch die Entwicklung des Unternehmens mit planen und die Linientätigkeiten zwischen den verschiedenen Bereiche koordinieren.

39. Was versteht man unter der Spartenorganisation?

In dieser Organisationsform werden alle Linientätigkeiten zusammengefaßt, die für die Ergebnisse in einzelnen Produktgruppen wichtig sind. Die Gruppierung erfolgt in der Regel nach Produktgruppen. Das am Produktprinzip orientierte System wird lediglich durch die Bildung von zentralen Spezialabteilungen durchbrochen, die beratend der Gesamtleitung und den Spartenleitungen zur Verfügung stehen.

40. Was sind die Vor- und die Nachteile der Spartenorganisation?

Vorteilhaft wirkt sich aus, daß die Organisation flexibler wird und daß sich die Verantwortung besser abgrenzen läßt. Nachteilig kann sich auswirken, daß Doppelarbeit geleistet wird und daß spezielle Kenntnisse und Erfahrungen nur einem Produktbereich zugute kommen.

41. Wie arbeitet die nach Märkten gegliederte Organisation?

In dieser Organisationsform werden die für den Erfolg in einem bestimmten Markt wichtigen Tätigkeiten zusammengefaßt. Diese Gruppierung kann nach verschiedenen Merkmalen des Kundenkreises, z.B. nach Regionen, Ländern, Bezirken. Diese Organisationsform erlaubt eine Ausrichtung auf die unterschiedlichen Anforderungen und Eigenarten der verschiedenen Märkte.

42. Was bedeutet Matrix-Organisation?

Im Rahmen einer Matrix-Organisation kooperieren die verschiedenen Bereiche ohne Einschaltung der Betriebsleitung, wobei jeder Funktionsbereich auf seinem Gebiet Entscheidungsvollmacht hat. Die Matrix-Organisation ist insbesondere im Rahmen der nach Sparten gegliederten Organisation üblich.

43.   Nach welchen Prinzipien ist die Führungsspitze eines Unternehmens organisiert?

Ein Unternehmen, das von mehreren Personen geleitet wird, ist entweder nach dem Direktorial- oder nach dem Kollegialsystem organisiert.

44.   Wie ist das Direktorialprinzip gekennzeichnet?

Beim Direktorialprinzip sind alle Leitungsbefugnisse unabhängig von der Zahl der die Geschäftsführung bildenden Personen auf eine Person konzentriert.

45.   Wie ist das Kollegialsystem gekennzeichnet?

Das Kollegialsystem sieht eine Aufteilung der Leitungsbefugnisse auf mehrere Personen vor.

46.   Was versteht man unter einer Entscheidung?

Unter einer Entscheidung wird ein dispositiver, geistiger Akt der Auswahl einer Maßnahme oder Situation aus einer Reihe vergleichbarer Alternativen durch zielgerichtete Überlegungen verstanden, wodurch ein gewünschter Endzustand im Rahmen der Gegebenheiten am besten verwirklicht werden kann.

47.   Wie wird eine Entscheidung vorbereitet?

Zunächst werden Ziele gesetzt, die in möglichst exakten Sollvorgaben präzisiert werden. Mit Hilfe der Planung werden die verschiedenen Möglichkeiten geprüft und die im Hinblick auf die festgelegten Ziele günstigsten Möglichkeiten ausgewählt.

48.   Was versteht man unter einer Instanz im Betrieb?

Unter einer Instanz wird eine mit Leitungsbefugnissen ausgestattete Stelle verstanden. Eine Instanz ist eine organisatorische Einheit, die sowohl Träger des betrieblichen Entscheidungsprozesses als auch Durchsetzungsorgan ist und damit ein wichtiger Bestandteil des betrieblichen Leitungssystems darstellt.

49.   Was versteht man unter Entscheidungsbefugnis?

Unter Entscheidungsbefugnis wird die organisatorisch geregelte Ermächtigung oder Kompetenz verstanden, über bestimmte Fragen Entscheidungen zu treffen, die für andere verbindlich sind und einen Bestandteil der Leitungsbefugnis darstellen.

50.   Was versteht man unter Leitung?

Unter Leitung versteht man ein bestimmtes menschliches Handeln, das in erster Linie durch das Treffen von Entscheidungen, das Durchsetzen dieser Entscheidungen im Wege der Erteilung von Anordnungen sowie die Übernahme von Verantwortung gekennzeichnet ist. Hinzu kommen das Recht zur Ausübung von Kontrollen und die Pflicht, Initiativen zu ergreifen, falls dies erforderlich werden sollte.

51.   Wie werden Leitungsbefugnisse geregelt?

Leitungsbefugnisse werden in der Weise geregelt, daß ein übergeordneter Stelleninhaber Leitungsbefugnisse in Bezug auf das Handeln anderer ausübt, mithin also Entscheidungen trifft, Anordnungen erteilt und Verantwortung ausübt. Da nun jede geleitete, d.h., einer anderen untergeordnete Stelle wiederum in Bezug auf andere, ihr unterstellte Stelle Leitungsbefugnisse ausüben kann, ergibt sich in der Praxis meist eine Kette mehrstufiger Leitungsbeziehungen, die in Form einer Leitungspyramide oder Leitungshierarchie dargestellt werden kann.

52.   Wie kann eine Instanz besetzt werden?

Eine Instanz kann durch eine Person besetzt werden (die sog. Singularinstanz). Sie kann aber auch durch mehrere Aufgabenträger gleichzeitig besetzt werden (sog. Pluralinstanzen).

53.   Wo sind Pluralinstanzen üblich?

Pluralinstanzen treten insbesondere auf der oberen Leitungs- und Führungsebene auf, und zwar als Direktorium oder Vorstand. Dabei kann die Mitwirkung der einzelnen Instanzeninhaber an Führungsentscheidungen durch bestimmte Formen der Kollegialität organisatorisch geregelt werden. Diese Formen werden als Primat-, Abstimmungs-, Kassations- oder Ressortkollegialität bezeichnet.

54.   Wie erfolgt die Abteilungsbildung?

Instanzen und direkt untergeordnete Stellen bilden eine Abteilung, in der der übergeordnete Instanzeninhaber der Abteilungsleiter ist.

55.   Was versteht man unter einem mehrstufigem Leitungssystem?

Ein mehrstufiges Leitungssystem ist durch eine bestimmte Abteilungsgliederung und verschiedenen Leitungsebenen gekennzeichnet. Diese Ebenen werden als Top Management, Middle und Lower Management und ausführende Stellen bezeichnet.

56.   In welchem Zusammenhang stehen Leitungssystem und Kommunikationssystem?

Das Kommunikationssystem ist durch das Leitungssystem vorgegeben, und zwar deshalb, weil Anordnungen und entsprechende Vollzugsmeldungen nur nach Maßgabe des Leitungssystems vorgenommen werden dürfen.

57.   Welche Nachteile entstehen durch eine starre Bindung der Kommunikation an das Leitungssystem?

Der Nachrichtenverkehr würde sich zu schwerfällig gestalten, wenn für alle Informationen die Wege des Leitungssystems vorgeschrieben wären. Aus dem Aufgabengefüge ist deshalb ein zusätzliches Kommunikationssystem sinnvoll.

58.   Wie werden die aufgabenbezogenen Informationsbeziehungen genannt?

Aufgabenbezogene Informationsbeziehungen, d.h., Informationen, die zur Erfüllung vorgegebener Aufgaben benötigt werden, werden als formale Beziehungen bezeichnet. Ihnen stehen die organisatorisch nicht geregelten informalen Beziehungen gegenüber, die die formalen Beziehungen überlagern und als soziale Kontakte (Interaktionen) zwischen den Mitarbeitern spontan entstehen.

59.   Welche Bedeutung hat das informale System?

Das informale System kann positiv wirken, da nicht alle Fälle eines notwendigen Informationsaustausches vorhersehbar sind und zum besseren Betriebsklima beitragen. Es kann allerdings auch negativ wirken, wenn nämlich Informationen falsch gelenkt werden oder bestimmte Stellen vom Nachrichtenfluß abgeschnitten werden.

60.   Welche Aufgaben bestehen im Rahmen der Betriebsorganisation zur Lenkung des Informationsflusses?

Aufgaben der Betriebsorganisation ist es, unter Berücksichtigung des Informationsbedarfs der Stellen zur Erfüllung ihrer Aufgaben die durchzuführenden Kommunikationsmöglichkeiten so auf die Stellen zu verteilen, daß es unter geringsten Kosten möglich ist, alle Stellen qualitativ und quantitativ zum richtigen Zeitpunkt mit den richtigen Informationen zu versorgen.

61.   Auf welche Weise kann der Kommunikationsprozeß vorgenommen werden?

Der Kommunikationsprozeß kann schriftlich oder mündlich, direkt oder indirekt erfolgen.

IV. Ablauforganisation

62. Was versteht man unter Ablauforganisation?

Unter Ablauforganisation versteht man die Gestaltung von Arbeitsprozessen. Dabei muß unterschieden werden zwischen der Ordnung des Arbeitsinhaltes, der Ordnung der Arbeitszeit, der Ordnung des Arbeitsraumes und der Arbeitszuordnung.

63. Was versteht man unter der Ordnung des Arbeitsinhaltes?

Der Arbeitsinhalt muß sowohl hinsichtlich der Arbeitsobjekte als auch hinsichtlich der Verrichtungen organisiert werden.

64. Was versteht man unter der Organisation der Arbeitszeit?

Die Arbeitszeit muß in dreifacher Weise geordnet werden: Einmal muß die Zeitfolge der einzelnen Teilaufgaben bestimmt werden, sodann die Zeitdauer der Teilaufgaben und schließlich muß der Zeitpunkt der einzelnen Maßnahmen festgelegt werden.

65. Was ist das Ziel der Ablauforganisation?

Ziel der Ablauforganisation ist der möglichst reibungslose Ablauf der Arbeiten der einzelnen Stellen innerhalb einer Abteilung und die Abstimmung der Arbeiten der einzelnen Stellen verschiedener Abteilungen. Dieses Ziel bedingt die Festlegung und das zeitliche und örtliche Neben- und Nacheinander der zur Erzielung eines bestimmten Arbeitsergebnisses auszuführenden Arbeitsvorgänge. Mithin erfaßt der Arbeitsablauf, was, wo, wann und wie etwas zu tun ist.

66. Welche Probleme können sich bei der Ablauforganisation ergeben?

Probleme können dadurch entstehen, daß die Zahl der Arbeitsvorgänge eines Arbeitsablaufs immer größer wird, d.h., daß die Arbeitsteilung immer weiter vorangetrieben wird, und auf diese Weise der Arbeitsfluß beeinträchtigt wird. Es kann auch sein, daß die Zeitpunkte oder Termine, zu denen bestimmte Arbeiten anfallen, ungleich verteilt sind, so daß die tatsächliche Arbeitsbelastung zu bestimmten Zeiten größer oder kleiner ist als die normale oder Mindestleistungskapazität.

67. Welche Leitsätze können zur Gestaltung der betrieblichen Arbeitsabläufe dienen?

a) Die Ausrichtung der Organisation an Regelfällen,
b) die funktionelle Zuordnung von Arbeitsstationen,

c) die Minimierung von Arbeitsstationen,
d) die Minimierung von Informationen,
e) die Minimierung von zu verrichtenden Tätigkeiten im Rahmen des Arbeitsprozesses,
f) die optimale Auswahl und Gestaltung der Hilfsmittel,
g) die Arbeitsverteilung nach qualitativen Gesichtspunkten,
h) die optimale Bemessung des Personalbedarfs,
i) die ständige Kontrolle und regelmäßige Soll-Ist-Abstimmung,
j) die Unabhängigkeit der Ablauforganisation von einzelnen Personen.

68. Was bedeutet die Ausrichtung der Organisation an Regelfällen?

Regelfälle stellen diejenigen Abwicklungsverfahren dar, die alle häufig wiederkehrenden Arbeiten umfassen. Diese Verfahren sind soweit wie möglich organisatorisch zu regeln und in allgemeinverbindlichen Richtlinien und Arbeitsanweisungen niederzulegen. Hingegen können Sonderfälle nicht verbindlich geregelt werden.

69. Was versteht man unter einer funktionellen Zuordnung von Arbeitsstationen?

Die einzelnen Bereiche des Arbeitsablaufs sind entsprechend dem Arbeitsfluß zu gestalten und räumlich möglichst eng zusammenzulegen, damit unnötige Wege unterbleiben.

70. Was bedeutet eine Minimierung der Arbeitsstationen?

Es muß versucht werden, die Anzahl der Arbeitsstationen innerhalb eines Arbeitsablaufs so gering wie möglich zu halten.

71. Was bedeutet die Forderung nach Minimierung von Informationen?

Damit genügend Zeit zu produktiver Arbeit verbleibt, muß die Zahl der zu verarbeitenden Informationen so gering wie möglich gehalten werden. Diese Forderung wiederum beinhaltet die Zielsetzung nach der Auswahl der Informationen, die zur Bewältigung der Arbeit unerläßlich sind und nach Trennung des Wichtigen vom scheinbar Wichtigen.

72. Was bedeutet die Minimierung zu verrichtender Tätigkeiten?

Die Anzahl und der Umfang der im Rahmen eines Arbeitsablaufs zu verrichtender Arbeitsgänge sind möglichst gering zu halten.

73. Was bedeutet eine optimale Auswahl und Gestaltung der Hilfsmittel?

Die Arbeitsplätze sollten mit den notwendigsten und geeignetsten Hilfsmitteln (Karteien, Formularen, Maschinen, Nachschlagewerken, usw.) ausgestattet sein, wobei auch auf die Wirtschaftlichkeit zu achten ist.

74. Wie ist die Arbeitsverteilung unter dem qualitativen Gesichtspunkt vorzunehmen?

Die Arbeitsverteilung soll so vorgenommen werden, daß ein unterwertiger Einsatz qualifizierter Arbeitskräfte vermieden wird.

75. Was bedeutet eine optimale Bemessung des Personalbedarfs?

Der Personalbedarf sollte entsprechend dem Arbeitsumfang so gering wie möglich bemessen sein und sich nicht im Hinblick auf das Stammpersonal an einmaligen Arbeitsspitzen orientieren.

76. Wie ist eine ständige Leistungs- und Aufwandskontrolle durchzuführen?

Die Leistung des eingesetzten Personals und die Entwicklung des Aufwandes sind anhand von Kennzahlen ständig zu beobachten und unter Berücksichtigung der Rentabilität, der Wirtschaftlichkeit, der Produktivität und der Unternehmensziele ständig anhand der vorgegebenen Sollwerte zu vergleichen.

77. Warum soll die Ablauforganisation von einzelnen Personen unabhängig sein?

Die Gliederung und Gestaltung von Arbeitsabläufen ist ausschließlich an sachlichen Gesichtspunkten zu orientieren und sollte nicht an Personen orientiert sein.

78. Wie erfolgt die Zuordnung der Teilaufgaben zu einer Stelle?

Je nach der Art der zu verrichtenden Tätigkeiten werden die einzelnen Arbeiten zu Stellen zusammengefaßt. Dies geschieht, indem entweder jede Verrichtung einer bestimmten Person übertragen wird, oder aber die Arbeiten werden in ihrer Gesamtheit einer Gruppe übertragen und im Rahmen der Gruppe wird dann entschieden, wer die einzelnen Arbeiten zu übernehmen hat.

79. In welchem Zusammenhang stehen Aufbau- und Ablauforganisation?

Entweder wird in der Praxis von einer gegebenen Aufbauorganisation ausgegangen und danach die Ablauforganisation angepaßt, oder es wird umgekehrt verfahren.

80.   Wie wird die Organisation überwacht?

Die Organisation eines Betriebes muß in jedem Fall überwacht werden, um feststellen zu können, ob die Ergebnisse des Handelns mit der Planung übereinstimmt. Die Überwachung geschieht mit Hilfe der Kontrolle und der Prüfung (Revision).

81.   Was versteht man unter Kontrolle?

Man spricht von Kontrolle, wenn die Überwachung durch die mit der Ausführung der Aufgabe betrauten Personen vorgenommen wird, wobei sich die Kontrolle auf den gesamten Tätigkeitsbereich des Unternehmens erstreckt. Die Kontrolle wird anhand von Organisationsplänen, Geschäftsverteilungsplänen und Arbeitsablaufplänen durchgeführt.

82.   Was ist die Aufgabe der Revision?

Aufgabe der Revision ist die Prüfung der Arbeitsgänge selbst mit dem Ziel der Feststellung, ob das Kontrollsystem ordnungsgemäß funktioniert, ob und gegebenenfalls welche Mängel in der Organisation vorliegen. Sie hat schließlich auch die Aufgabe, etwa Unregelmäßigkeiten zu unterbinden bzw. aufzudecken.

V. Organisationshilfsmittel

83.   Was versteht man unter Organisationshilfsmittel?

Organisationshilfsmittel haben die Aufgabe, organisatorische Erscheinungen und Zusammenhänge in übersichtlicher Form darzustellen und den Ablauf der Organisation zu erleichtern und zu vereinheitlichen.

84.   Welche Arten von Bürohilfsmitteln werden unterschieden?

Man unterscheidet:
a) Bürotechnische Hilfsmittel,
b) graphische Darstellungen von Strukturen,
c) verable Darstellungsformen,
d) mathematische Verfahren.

85.   Was sind bürotechnische Hilfsmittel?

Zu den bürotechnischen Hilfsmitteln zählt man einerseits die technischen Geräte, wie z.B. Diktiergeräte, Nachrichtenübermittlungsgeräte, Hilfsmittel zur Vervielfältigung, Rechner, Buchungsmaschinen und andererseits die

Hilfsmittel zur Datenermittlung, wie z.B. durch Fragebogen oder Rechen-
maschine, zur Datenerfassung durch Tabellen, Karteien, Magnetbänder, zur
Datenaufbereitung durch Rechner, zur Datendarstellung durch Statistiken,
zur Datenzuordnung, Datenspeicherung, Datenabruf, Datenübermittlung
und zur Datenkontrolle.

86.   Was versteht man unter graphischen Darstellungen von Strukturen?

Graphische Darstellungen von Strukturen werden in Form von Organisationsplänen (Organisationsschaubildern) und Funktionsdiagrammen er-
stellt und haben die Aufgabe, die vorhandene oder geplante betriebliche
Aufbauorganisation übersichtlich darzustellen.

87.   Welche Angaben enthält der Organisationsplan?

Der Organisationsplan veranschaulicht: a) Das Verteilungssystem der Aufgaben und die Institutionalisierung der Teilaufgaben zu Stellen, b) das Gefüge der Stellen und ihre Zusammenfassung zu Abteilungen, c) die Rangordnung der Instanzen, d) die Eingliederung der Hilfsstellen (z.B. der Stäbe),
e) die Kommunikationswege, f) die personelle Besetzung der Stellen.

88.   Was versteht man unter einer Führungsanweisung?

Eine Führungsanweisung enthält in schriftlicher Form für alle Führungspo-
sitionen alle grundsätzlichen instanziellen Rechte und Pflichten.

89.   Was versteht man unter einer Stellenbeschreibung?

Unter einer Stellenbeschreibung ist die schriftliche festgelegte Darstellung
der Zielsetzung des Arbeitsplatzes, seiner Aufgaben, Kompetenzen, Befugnisse, seiner Beziehungen zu anderen Arbeitsplätzen und der Anforderungen
an den Inhaber des Arbeitsplatzes zu verstehen.

**90.   Was versteht man unter mathematischen Verfahren als Hilfsmittel der
Organisation?**

Mathematische Hilfsmittel sollen der Organisation Probleme aufzeigen, die
sich verbal nicht oder nur schwer darstellen lassen. Hierzu zählen insbesondere die Verfahren der Operations Research und der Netzplantechnik.

91.   Was versteht man unter Operations Research?

Die Operations Research oder Unternehmensforschung ist die während des
2. Weltkrieges in den USA entwickelte Methode zur Beschaffung und Auswertung quantitativer Unterlagen für militärische Entscheidungen, die nach
dem Kriege auch in den Unternehmungen Eingang gefunden hat. Das Cha-

rakteristische der Operations Research ist der Versuch, möglichst alle Entscheidungen durch eine exakte und numerische Berechnung der Folgen der
verschiedenen alternativen Möglichkeiten vorzubereiten.

92. Was versteht man unter der Netzplantechnik?

Die Netzplantechnik ist ein Verfahren, mit deren Hilfe eine komplexe Gesamtaufgabe in Teilaufgaben aufzugliedern und die zu ihrer Erfüllung füh-
renden Tätigkeiten in einem Ablaufplan in Form eines Netzplanes darzustellen, der alle verrichtungs-, objekt- und zeitbedingten Abhängigkeiten auf-
zeigt.

VI. Datenverarbeitung als Organisationshilfsmittel

93. Welche Bedeutung hat die EDV für die Betriebsorganisation?

Von der EDV gehen erhebliche Einflüsse auf die Organisation eines Betriebes aus, so daß man die EDV nicht mehr als ein einfaches Hilfsmittel bezeichnen kann. Inzwischen ist die EDV ein integraler Bestandteil fast aller
Betriebe geworden, so daß sie die Arbeitsabläufe entscheidend beeinflußt.
Mit Hilfe der EDV lassen sich große und gleichförmige Datenmassen schnell
bearbeiten und zahllose Arbeitsvorgänge genau und zuverlässig abwickeln.

94. Was versteht man unter Daten?

Daten sind Informationen über Bedeutungen, Gegenstände, Werte und Mengen. Daten sind mithin das, was verarbeitet werden soll, dargestellt in Form
von Zeichen, Zahlen oder Symbolen.

95. Was sind Datenträger?

Datenträger sind schriftliche Belege über Vorgänge. Er enthält numerische
und alphanumerische Daten, die in ein Datenerfassungsgerät eingegeben
werden.

96. Welche weiteren Datenträger sind in der EDV üblich?

Man unterscheidet weiter die folgenden Datenträger:
a) Datenträger für die Eingabe, wie z.B. Lochkarten, Markierungs-, Klar-
   schrift- und Magnetschriftvordrucke, Lochstreifen und Lochstreifen-
   karten,
b) Datenträger zur Datenspeicherung, wie Magnetband, Magnetplatte, Mag-
   nettrommel, Magnetstreifen, Magnetkarte und Magnetfilmband, Datenträger für die Ausgabeeinheit, wie Mikrofilm.

97. Was versteht man unter Datenverarbeitung?

Daten wurden, ohne daß man sich dessen immer bewußt ist, in einem kaufmännischen Betrieb schon immer verarbeitet, z.B. in der Buchhaltung. Von Datenverarbeitung im Sinne der EDV spricht man, wenn Daten in eine Maschine eingegeben, dort verarbeitet und dann ausgegeben werden.

98. In welcher Weise ist eine Datenverarbeitung möglich?

Datenverarbeitung ist möglich im herkömmlichen Sinne, d.h. manuell, durch den Einsatz von Addier- oder Buchungsmaschinen und elektronisch. Bei der elektronischen Datenverarbeitung wird die Bewegung der Teile durch die Bewegung von elektrischen Impulsen ersetzt.

99. Worauf beruht die Lesbarkeit von Datenträgern?

Die Daten, die in eine EDV-Anlage eingegeben werden, müssen so geschrieben werden, daß sie von der Maschine verstanden und gelesen werden können. Dies wird erreicht, indem die Zahlen und Buchstaben verschlüsselt (codiert) werden.

100. Auf welche Arten können Zeichen in Klarschrift erkannt werden?

Zeichen können erkannt werden: a) Magnetisch, wobei die Schrift aus magnetisierbaren Zeichen besteht, b) optisch. Die Form der Zeichen ist genau vorgeschrieben. Die Zeichen werden mittels Fotozellen gelesen.

101. Was versteht man in der Datenverarbeitung unter einem Befehl?

Befehle geben an, wie die Daten verarbeitet werden sollen.

102. Was versteht man unter einem Programm?

Unter einem Programm wird die Summe der Anweisungen an eine elektronische Datenverarbeitungsanlage verstanden, wie Daten zu verarbeiten sind.

103. Aus welchen Teilen besteht eine elektronische Datenverarbeitungsanlage?

Eine EDV-Anlage besteht aus:
a) Dem Eingabegerät für die Erfassung der Daten,
b) dem Ausgabegerät für die Ausgabe der Daten,
c) der Zentraleinheit, die zwischen dem Eingabe- und dem Ausgabegerät steht und die die rechnerischen Aufgaben löst,
d) dem Rechenwerk, das im sog. Dualsystem rechnet,
e) dem Steuer- und Leitwerk, das den Rechenvorgang steuert, das Pro-

gramm Schritt für Schritt abliest und die Ausführung jedes Impulses besorgt und kontrolliert.

104. Was versteht man unter einem Speicher?

Um die Zentraleinheit nicht zu überlasten, wird ein Teil der Daten, die von der Zentraleinheit zu verarbeiten sind, in einem (externen) Speicher aufbewahrt. Diese Daten können von der Zentraleinheit bei Bedarf mühelos abgerufen werden.

105. Wo läßt sich die EDV im Handel einsetzen?

Anwendungsbereiche der EDV im Handel sind: die Fakturierung, die Lagerfortschreibung, die Buchhaltung für Kreditoren und Debitoren, Sachkonten, Löhne und Gehälter sowie der Bereich der Statistik.

106. Was muß vor der Einführung der EDV beachtet werden?

Vor der Einführung der EDV müssen einmal Wirtschaftlichkeitsüberlegungen angestellt werden, um Größe und Form der Datenverarbeitung der Betriebsstruktur anpassen zu können und zum anderen muß festgelegt werden, welche Tätigkeiten durch die EDV erledigt werden sollen. Anhand der Istaufnahme erfolgt die Sollkonzeption, d.h. die Festlegung der Gebiete, die in Zukunft erledigt werden sollen.

107. Worauf beruht die Sollkonzeption?

Die Sollkonzeption erfordert die Zusammenstellung aller Stamm- und Bewegungsdaten zu einem Datenprofil.

108. Was versteht man unter Stammdaten?

Unter Stammdaten werden Informationen verstanden, die sich gar nicht oder nur selten verändern. Hierzu zählen z.B. die Kundenadressen, die Kundennummern, die Artikelbezeichnungen und die Lieferantenanschriften.

109. Was versteht man unter Bewegungsdaten?

Bewegungsdaten sind Informationen, die einmalig auftreten, z.B. die einzelnen Positionen der Lieferscheine, Rechnungssummen und Lieferanten.

110. Warum sind Nummernschlüssel erforderlich?

Um die gespeicherten Stammdaten in der EDV-Anlage schnell und sicher finden zu können, ist es erforderlich, allen Kunden, Lieferanten und Artikeln sowie den Konten Nummern zu geben. Hierzu bedient man sich entweder der sog. sprechenden Nummernschlüssel (systematische Verschlüsselung) oder der Identifizierungsnummern, bei denen alle Kunden fortlaufend durchnumeriert werden.

111. Wodurch ist eine neuere Entwicklung im Bereich der Datenverarbeitung charakterisiert?

– Durch die Einführung von Mikrocomputern,
– durch die Einführung von Personalcomputern,
– durch die Einführung der Dialogverarbeitung von Daten bzw. Personalcomputern.

112. Was ist ein Mikrocomputer bzw. Personalcomputer?

Ein Mikrocomputer ist ein programmierbarer Kleinrechner, dessen Zentraleinheit aus einem Mikroprozessor besteht. Für den Begriff Mikrocomputer ist auch der Begriff Personalcomputer üblich. Ein Mikro- oder Personalcomputer ist immer (neben dem Mikroprozessor) mit einer Tastatur, einem Bildschirm, einer Diskette, einer Textplatte und einem Drucker kombiniert.

113. Welche Aufgaben kann ein Mikro- bzw. Personalcomputer erledigen?

Er ist in der Lage, alle kaufmännischen/oder technischen Routinegeschäftsvorfälle zu erledigen, wie z.b. Auftragserledigung, Lohnberechnungen, Ersatz von Karteikarten, Archivierung von Daten. Die Bearbeitung kann jedoch nur nach einem vorgegebenen Verfahren erfolgen, Dateien müssen angelegt werden und die bisherige Arbeitsorganisation muß geändert und auf den Mikro- bzw. Personalcomputer umgestellt werden.

Weitere Einsatzmöglichkeiten bestehen

a) in der mit dem Computer verbundenen Textverarbeitung, die zu einer Steigerung der Effizienz des Schreibdienstes führt,

b) in der dezentralen Datenerfassung am Arbeitsplatz. Dies kann indirekt durch Erfassung auf transportablen Datenträgern oder direkt durch Anschluß an das Rechnernetz geschehen,

c) durch Übertragung arbeitsplatzbezogener Datenverarbeitungsaufgaben,

d) durch Kombination mit neuen Kommunikationstechniken mittels Datenfernüberträgern.

114. Was versteht man unter der Dialogverarbeitung?

Die Verarbeitung von Daten kann entweder sofort beim Arbeitsanfall oder zu vorbestimmten Zeiten in Form von sogenannter Stapelverarbeitung, indem gleiche Arbeitsaufgaben gesammelt und zum gleichen Zeitpunkt verarbeitet werden, erfolgen. Erfolgt die Datenverarbeitung zu einem beliebigen, vom Anwender bestimmten Zeitpunkt, so spricht man von einer Echtzeitbearbeitung. Bei der Dialogverarbeitung erfolgt diese Verarbeitung im Dialog zwischen Mensch und Computer. Bei der Dialogverarbeitung müssen beide Partner eine gemeinsame Sprache sprechen.

115. Auf welche Weise kann die Dialogverarbeitung durchgeführt werden?

Sie wird entweder in Form des computergesteuerten oder in Form des benutzergesteuerten Dialogs durchgeführt. Im ersten Fall wird der Arbeitsablauf vom Computer vorgegeben, auf den der Mitarbeiter reagiert. Bei dem benutzergesteuerten Dialog bestimmt der Mitarbeiter den Arbeitsablauf. Der Computer wird jeweils bei der Arbeitsdurchführung programmiert.

C. Betriebliches Finanz- und Rechnungswesen

I. Buchhaltung und Abschluß

1. Was ist die Aufgabe der Buchführung?

Die Buchführung hat vielfältige Aufgaben zu erfüllen. Sie muß

a) den gesetzlichen Anforderungen genügen und die Verpflichtungen erfüllen, die der Gesetzgeber an die Gewerbetreibenden stellt,

b) dem Betrieb selbst jederzeit einen lückenlosen und wahrheitsgemäßen Stand des Vermögens, der Schulden und der Geschäftsvorfälle gestatten,

c) die Höhe des im Betrieb arbeitenden Kapitals ausweisen,

d) die Herkunft und die Veränderungen der Vermögens- und Schuldenwerte aufzeichnen,

e) den Erfolg des Betriebs ermitteln.

2. Warum muß die Buchführung korrekt und jederzeit auf dem laufenden sein?

Kein Betrieb kann für sich allein existieren. Zulieferer und Abnehmer erwarten, daß sie es mit einem Unternehmer zu tun haben, der seine Verpflichtungen aus laufenden Verträgen erfüllt. Das setzt voraus, daß die Geschäftsvorfälle vollständig und richtig erfaßt werden. Schließlich hat das Unternehmen Verpflichtungen gegenüber dem Staat und der Gemeinde, die erwarten, daß das Unternehmen seine Steuern aufgrund korrekter Angaben pünktlich zahlt.

3. Warum ist eine laufende Buchführung erforderlich?

Durch die Vielfalt der täglichen Geschäftsvorfälle, wie Einkauf und Verkauf von Waren, ändern sich die geschäftliche Situation und der Stand des Vermögens und der Schulden ständig. Damit die Übersicht nicht verloren geht, ist eine laufende Verbuchung aller Geschäftsvorfälle dringend geboten.

4. Welche konkreten Aufgaben muß die Buchhaltung erfüllen?

a) Die Ermittlung des Vermögens und der Schulden in regelmäßigen Abständen, mindestens jedoch zum Ende eines Wirtschaftsjahres, sicherstellen,

b) Art, Ursache und Höhe der Veränderungen durch die einzelnen Geschäftsvorfälle im Laufe einer Rechnungsperiode festhalten,

c) die Feststellung des betrieblichen Erfolges, d.h. des Gewinns oder Verlustes durch Aufzeichnung aller Aufwendungen und Erträge gestatten,

d) Kosten und Leistungen zum Zwecke der Kalkulation erfassen,

e) Grundlage für Vergleichs- und Meßzahlen im Hinblick auf eine statisti-

sche Auswertung der Ergebnisse und für die Planungen der Zukunft sein,
f) Auskünfte der Gläubiger, Kreditinstitute und Geschäftspartner gestatten,
g) dem Finanzamt die Überprüfung der Unterlagen zum Zwecke der Besteuerung gestatten.

5.   In welchem betrieblichen Zusammenhang steht die Buchhaltung?

Die Buchführung ist ein Teil des Rechnungswesens und hat die Aufgabe einer Zeitrechnung, d.h., sie hält den zeitlichen Ablauf der Geschäftsvorfälle in Zahlen fest. Andere Teilgebiete des Rechnungswesens, die mit der Buchhaltung in einem engen Zusammenhang stehen, sind die Kostenrechnung, die Statistik und die Planung.

6.   Was ist die Aufgabe der Kostenrechnung?

Die Kostenrechnung ist eine Leistungs- und Stückrechnung. d.h. sie verwendet die Zahlen der Buchführung für die Kalkulation.

7.   Welche Aufgabe hat die Statistik?

Die Statistik dient als Vergleichsrechnung, indem sie die Betriebsergebnisse der einzelnen Bereiche verschiedener Jahre gegenüberstellt.

8.   Was ist die Aufgabe der Planung?

Die Planung ist eine Vorausschau, die aus den Zahlen der Buchhaltung, der Statistik und der Kostenrechnung die künftige Entwicklung abzuschätzen und durch entsprechende Dispositionen zu beeinflussen sucht.

9.   Welche konkreten Angaben kann man mit Hilfe der Buchführung erhalten?

Den Stand der Forderungen gegenüber den Kunden, die Höhe der Lieferantenschulden, den Wert des Warenlagers, die Umsatzentwicklung, die Höhe der Personalkosten, den betrieblichen Erfolg, die Veränderung des Kapitals.

10.   Welche Funktionen muß die Buchführung erfüllen?

Das Sammeln und Sortieren von Belegen, das Buchen der Belege auf den vorgeschriebenen Konten, das Erstellen einer Bilanz als Übersicht der Geschäftsentwicklung eines bestimmten Zeitraumes.

11.   Wer ist gesetzlich zur Buchführung verpflichtet?

Nach dem Handelsrecht sind alle Vollkaufleute verpflichtet, Bücher zu führen und regelmäßig Abschlüsse aufgrund jährlicher Bestandsaufnahmen zu machen. Für Zwecke der Besteuerung unterliegen nach der Abgabenord-

nung (AO 1977) alle Unternehmer und Unternehmen über die Mindest-
buchführungspflicht hinaus einer besonderen Buchführungspflicht, die nach
den bei der letzten Veranlagung getroffenen Feststellungen eine der folgenden Bedingungen erfüllen:

a) einen Gesamtumsatz von mehr als 360.000,– DM im Kalenderjahr,

b) ein Betriebsvermögen von mehr als 100.000,– DM,

c) einen Gewinn aus Gewerbebetrieb von mehr als 24.000,– DM im Wirtschaftsjahr oder

d) einen Gewinn aus Land- und Forstwirtschaft von mehr als 15.000,– DM
   im Kalenderjahr.

**12. Was ist der Unterschied zwischen der einfachen und der doppelten
Buchführung?**

Die einfache Buchführung erfaßt alle Geschäftsvorfälle nur in chronologi-
scher Reihenfolge. Sie hält lediglich die Kassenvorgänge und den Kunden-
und Lieferantenverkehr sowie den Wareneinkauf und -verkauf fest. Sie verzichtet auf eine gesonderte Erfassung der Aufwendungen und der Erträge.
Sie ist daher in weiten Bereichen unvollständig. Sie macht jedoch die Aufstellung einer Bilanz zur Pflicht, dagegen fehlt die Gewinn- und Verlustrechnung.
Eine sinnvolle kaufmännische Buchführung kann mithin nur mittels der
doppelten Buchführung durchgeführt werden. Doppelte Buchführung bedeutet, daß jeder Geschäftsvorfall doppelt, d.h. auf zwei verschiedenen
Konten und Seiten verbucht wird. Mit Hilfe der doppelten Buchführung
ist es u.a. möglich, die Kosten exakt zu erfassen und eine einwandfreie
Gewinn- und Verlustrechnung zu erstellen.

13. Welche Vorschriften gelten im Hinblick auf die Mindestbuchführung?

Es müssen geführt werden:

a) das Geschäftstagebuch, das in zeitlicher Reihenfolge alle Geschäftsvorfälle enthält und täglich laufend und lückenlos geführt werden muß, und
   zwar Einnahmen und Ausgaben aus der Kasse nach dem Kassenbericht,
   Postscheck und Banken, getrennt nach Betriebskosten, Privatentnahmen,
   Wareneinkäufen und -verkäufen und die sonstigen Geschäftsvorfälle;

b) das Wareneingangsbuch. Es soll eine verläßliche Grundlage für die Kalkulation bilden: Einstandspreise, getrennte Erfassung der Warennebenko-
   sten, der Rabatte und Retouren;

c) der Kassenbericht, der alle täglichen Kassengeschäfte (Einnahmen und
   Ausgaben) erfaßt;

d) fortlaufende Aufzeichnungen der Debitoren und Kreditoren;

e) ein Inventarbuch und die Bilanzen.

14.   Was bezeichnet man als Grundsätze ordnungsgemäßer Buchführung?

Jede Buchführung muß den Grundsätzen ordnungsmäßiger kaufmännischer Gepflogenheiten entsprechen. Die Buchungen und sonstigen Aufzeichnungen müssen richtig, zeitgerecht, vollständig, geordnet und in den Schriftzeichen einer lebenden Sprache abgefaßt sein. Alle Bücher müssen gebunden und die Blätter oder Seiten mit fortlaufenden Zahlen versehen sein.

15.   Welche Aufbewahrungspflichten bestehen?

Nach dem neuen § 257 HGB ist jeder Kaufmann verpflichtet, folgende Unterlagen geordnet aufzubewahren: Handelsbücher, Inventare, Eröffnungsbilanzen, Jahresabschlüsse, Lageberichte, Konzernabschlüsse, Konzernlageberichte, empfangene Handelsbriefe, Wiedergaben abgesandter Handelsbriefe und Buchungsbelege. Mit Ausnahme der Bilanzen können die Unterlagen auch auf Datenträgern aufbewahrt werden.

Nach § 147 HGB müssen Bücher und Aufzeichnungen, Inventare und Bilanzen 10 Jahre, alle Buchungsbelege, empfangene und die Durchschriften abgesandter Geschäftsbriefe und sonstige für die Besteuerung wichtige Unterlagen 6 Jahre aufbewahrt werden, um die Möglichkeit einer Nachprüfung zu haben. Die Aufbewahrungsfrist beginnt mit dem Ablauf des Kalenderjahres, in dem die letzte Eintragung getätigt worden ist. Die Aufbewahrungspflicht läuft jedoch nicht ab, soweit und solange die Unterlagen für Steuern von Bedeutung sind, für welche die Festsetzungsfrist noch nicht abgelaufen ist.

16.   Welche Folgen treten bei Verstößen gegen eine ordnungsgemäße Buchführung ein?

Im Falle der Unvollständigkeit oder formellen bzw. sachlichen Unrichtigkeit der Bücher und Aufzeichnungen kann die Buchführung vom Finanzamt verworfen werden. Das Finanzamt kann dann die Besteuerungsgrundlagen schätzen. Die Verletzung der Buchführungspflicht ist nach dem Strafgesetzbuch strafbar. Für die Inanspruchnahme der verschiedensten Steuervergünstigungen hat der Gesetzgeber neuerdings auf das Erfordernis einer ordnungsgemäßen Buchführung verzichtet.

17.   Was sind Inventur und Inventar?

Die Inventur ist die körperliche Bestandsaufnahme aller betrieblichen Vermögensgegenstände. Sie findet ihren Niederschlag zu Beginn eines Handelsgewerbes, für den Schluß eines jeden Geschäftsjahres und bei Neugründungen im Inventar als Bestands- und Vermögensverzeichnis, das neben den durch die Inventur ermittelten Werten auch die Forderungen und die Schulden enthält.

18. Welche Verpflichtungen bestehen im Hinblick auf die Inventur?

Die Inventur wird mengenmäßig (körperlich) durch Zählen, Messen, Wiegen und evtl. Schätzen und wertmäßig aus den Geschäftsbüchern durchgeführt und soll feststellen, ob die in den Geschäftsbüchern enthaltenen Werte tatsächlich vorhanden sind.

19. Wie wird die Inventur durchgeführt?

Die Durchführung der Inventur erfordert große Sorgfalt. Im einzelnen sind festzulegen: die Festlegung der genauen Aufnahmezeit, eine besondere Behandlung von Kommissionswaren und sonstigen fremden Eigentums, ferner müssen Doppelzählungen vermieden werden und der Betriebsablauf darf nicht über Gebühr beeinträchtigt werden. Die Inventurlisten müssen von den aufnehmenden und an der Erfassung beteiligten Personen unterschrieben werden.

20. Welche Bedeutung hat die Inventur im Handelsbetrieb?

Die körperliche Inventur des Warenlagers im Handelsbetrieb ist deshalb erforderlich, um das Wareneinkaufskonto abschließen zu können.

21. Welche Feststellungen können im Handelsbetrieb mit Hilfe der Inventur außerdem getroffen werden?

Mit Hilfe der Inventur läßt sich der Wareneinsatz einer Geschäftsperiode berechnen. Außerdem läßt sich die Handelsspanne als Voraussetzung der Rentabilität berechnen und schließlich sind wichtige Einblicke in die Struktur und die Art und Zusammensetzung des Warenlagers und zur Berechnung der Lagerumschlagsgeschwindigkeit möglich.

22. Welche Arten von Inventuren kennt man?

Man unterscheidet die Stichtagsinventur, die permanente Inventur und die zeitlich verlegte Inventur.

23. Was ist eine Bilanz und wie ist sie aufzustellen?

Eine Bilanz ist ein Abschluß, der die Aktiva (links) und die Passiva (rechts) gegenüberstellt und eine selbständige Übersicht über das Verhältnis beider gewährt. Diese Vermögensaufstellung enthält auf der Aktivseite die vorhandenen Vermögenswerte und auf der Passivseite die Schulden (das Fremdkapital) sowie das Eigenkapital, das in dem Betrieb vorhanden ist.

Die Bilanz ist gemäß § 266 HGB in Kontoform aufzustellen. Für alle Kapitalgesellschaften ist eine verbindliche Gliederung vorgeschrieben, die für große und mittelgroße Gesellschaften noch im einzelnen genau untergliedert ist.

24. Wie wird das Vermögen in der Bilanz gegliedert?

Das Vermögen wird in Anlage- und in Umlaufvermögen gegliedert.

25. Was versteht man unter Anlagevermögen?

Zum Anlagevermögen gehören die Wirtschaftsgüter, die dazu bestimmt sind, dauernd dem Betrieb zu dienen. Es handelt sich um Anlagegüter, die nicht der Abnutzung unterliegen (z.b. Grund und Boden) und abnutzbare Anlagegüter (z.b. Gebäude, Maschinen).

26. Wie ist das Anlagevermögen gemäß § 267 HGB gegliedert?

Nach § 267 HGB erstreckt sich die Mindestgliederung des Anlagevermögens auf folgende Positionen: I Immaterielle Vermögensgegenstände (das sind 1. Konzessionen, gewerbliche Schutzrechte und ähnliche Rechte und Werte sowie Lizenzen aus solchen Rechten und Werten, 2. der Geschäfts- oder Firmenwert, 3. geleistete Anzahlungen). II Sachanlagen (d.h. 1. Grundstücke, grundstücksgleiche Rechte und Bauten einschließlich der Bauten auf fremden Grundstücken, 2. technische Anlagen und Maschinen, 3. andere Anlagen, Betriebs- und Geschäftsausstattung, 4. geleistete Anzahlungen und Anlagen im Bau). III Finanzanlagen (dazu gehören: 1. Anteile an verbundenen Unternehmen, 2. Ausleihungen an verbundene Unternehmen, 3. Beteiligungen, 4. Ausleihungen an Unternehmen, mit denen ein Beteiligungsverhältnis besteht, 5. Wertpapiere des Anlagevermögens, 6. sonstige Ausleihungen).

27.   Wovon ist die Zusammensetzung des Anlagevermögens abhängig?

Die Zusammensetzung des Anlagevermögens ist abhängig von der Branche, dem Produktions- oder Dienstleistungsprogramm, dem Sortiment und der Investitionspolitik.

28.   Was ist das Umlaufvermögen?

Das Umlaufvermögen ist der eigentliche Gewinnträger und unterliegt im Geschäftsablauf ständigen Veränderungen.

29. Wie wird das Umlaufvermögen gemäß § 267 HGB gegliedert?

I Vorräte (1. Roh-, Hilfs- und Betriebsstoffe, 2. unfertige Erzeugnisse, unfertige Leistungen, 3. fertige Erzeugnisse und Waren, 4. geleistete Anzahlungen), II Forderungen und sonstige Vermögensgegenstände (1. Forderungen aus Lieferungen und Leistungen, 2. Forderungen gegen verbundene Unternehmen, 3. Forderungen gegen Unternehmen, mit denen ein Beteiligungsverhältnis besteht, 4. sonstige Vermögensgegenstände), III Wertpapiere (Anteile aus verbundenen Unternehmen, eigene Anteile, sonstige Wertpapiere). IV Schecks, Kassenbestand, Bundesbank- und Postgiroguthaben, Guthaben bei Kreditinstituten.

30. Wie werden Kapital und Verbindlichkeiten in der Bilanz gegliedert?

A: Eigenkapital: I gezeichnetes Kapital, II Kapitalrücklage, III Gewinnrücklage, IV Gewinnvortrag/Verlusvortrag, V Jahresüberschuß/Jahresfehlbetrag. B: Rückstellungen (für Pensionen, Steuerrückstellungen, sonstige Rückstellungen). C: Verbindlichkeiten (Anleihen, Verbindlichkeiten gegenüber Kreditinstituten, erhaltene Anzahlungen auf Bestellungen, Verbindlichkeiten aus Lieferungen und Leistungen, Wechselverbindlichkeiten, Verbindlichkeiten gegenüber verbundenen Unternehmen und aus Beteiligungsverhältnissen, sonstige Verbindlichkeiten.

31. Wie wird das Reinvermögen errechnet?

Sind die Aktiva größer als die Schulden (Fremdkapital), dann ist Reinvermögen vorhanden.

32. Welche Verpflichtungen hat der Kaufmann im Hinblick auf die Bilanz?

Nach § 242 HGB hat der Kaufmann zu Beginn seines Handelsgewerbes und für den Schluß eines jeden Geschäftsjahres einen das Verhältnis seines Vermögens und seiner Schulden darstellenden Abschluß (Bilanz) aufzustellen. Er hat ferner für den Schluß eines jeden Geschäftsjahres eine Gegenüberstellung der Aufwendungen und Erträge des Geschäftsjahres (Gewinn- und Verlustrechnung) aufzustellen. Bilanz und Gewinn- und Verlustrechnung bilden den Jahresabschluß. Der Jahresabschluß ist nach den Grundsätzen ordnungsgemäßer Buchführung aufzustellen; er muß klar und übersichtlich sein und ist in deutscher Sprache und in Deutscher Mark aufzustellen. Der Jahresabschluß ist vom Kaufmann unter Angabe des Datums zu unterzeichnen. Sind mehrere persönlich haftende Gesellschafter vorhanden, so haben sie alle zu unterzeichnen.

33. Welche Grundsätze gelten für die Aufstellung einer Bilanz?

Die Prinzipien der Bilanzwahrheit, der Bilanzklarheit und der Bilanzkontinuität.

34. Was versteht man unter der Bilanzwahrheit?

Das Prinzip der Bilanzwahrheit besagt, daß die tatsächlichen Werte eingesetzt werden. Die Bilanz muß sachlich richtig sein.

35. Was versteht man unter der Bilanzklarheit?

Die einzelnen Positionen müssen klar und übersichtlich gegliedert sein. Es ist kein Saldieren von Forderungen und Schulden gestattet (keine Sammelposten!).

36. Was versteht man unter der Bilanzkontinuität?

Die Bilanzkontinuität muß sowohl formal als auch materiell gegeben sein. Die formale Bilanzkontinuität besagt, daß die Schlußbilanz mit der Eröffnungsbilanz des folgenden Jahres übereinstimmen muß. Die materielle Bilanzkontinuität besagt, daß eine gleichmäßige Bewertung der Vermögens- und Schuldenwerte von Jahr zu Jahr zum Zwecke der Vergleichbarkeit und der richtigen Beurteilung der Entwicklung der gesamten Vermögen- und Kapitalstruktur gegeben sein muß.

37. Was ist der Unterschied zwischen der Handelsbilanz und der Steuerbilanz?

Die Steuerbilanz wird aus der Handelsbilanz abgeleitet und hat das Ziel, einer Ermittlung des tatsächlichen Gewinns als Grundlage der Besteuerung (EStG). Hingegen ist in der Handelsbilanz der Gewinn vorsichtiger berechnet (Grundsatz der vorsichtigen Bewertung). So kann der Gewinn absichtlich zugunsten offener oder stiller Reserven gekürzt sein (weitgehende Bewertungsfreiheit).

38. Was ist der Zweck der Bewertung?

Da nur wenige Werte, etwa die Bankguthaben, den Geschäftsbüchern entnommen werden können, ist eine Bewertung der Bilanzpositionen erforderlich.

39. Welche Prinzipien müssen bei der Bewertung grundsätzlich beachtet werden?

Bei der Bewertung gelten folgende grundsätzliche Prinzipien:
Die Bewertungsstetigkeit, die Wertfortführung und die Maßgeblichkeit handelsrechtlicher vor steuerrechtlichen Bewertungsvorschriften.

40. Was besagt das Prinzip der Bewertungsstetigkeit?

Das einmal eingeführte Bewertungsverfahren kann nicht ohne weiteres geändert werden, sondern nur dann, wenn wichtige wirtschaftliche Gründe vorliegen. Auf diese Weise soll die Vergleichbarkeit der Ergebnisse verschiedener Jahre gewährleistet werden.

41. Was besagt das Prinzip der Wertfortführung?

Dieses Prinzip besagt, daß einmal ausgewiesene Werte später nicht erhöht werden dürfen.

42. Was besagt das Prinzip der Maßgeblichkeit handelsrechtlicher vor steuerrechtlichen Bewertungsvorschriften?

Dieses Prinzip besagt, daß trotz unterschiedlicher handels- und steuerrechtlicher Bewertungsvorschriften die handelsrechtlichen Bewertungsvorschriften immer richtungweisend sind.

43. Welche Bedeutung hat die Warenbewertung im Handelsbetrieb?

Die Betriebshandelsspanne wird über die Bewertung des Warenlagers direkt beeinflußt. Da der Wareneinsatz nach der Regel „Anfangsbestand + Wareneingang . /. Endbestand = Wareneinsatz" eine Periode berechnet wird, erhöht sich der Wareneinsatz im Falle einer zu niedrigen Bewertung und umgekehrt.

44. Welche Kosten unterscheidet man bei der Bewertung?

Man unterscheidet die Anschaffungs- und die Herstellungskosten.

45. Was versteht man unter den Anschaffungskosten?

Unter die Anschaffungskosten fallen alle Kosten, die bei der Beschaffung von Sachanlagen und Vorräten einschließlich aller Nebenkosten wie Fracht, Verpackung, Zoll, Montage anfallen. Die Anschaffungskosten werden gemindert durch Nachlässe, wie Rabatte.

46. Was versteht man unter den Herstellungskosten?

Herstellungskosten sind alle Kosten, die bei der Fertigung im eigenen Betrieb anfallen, wie Produktionskosten, Fertigungsmaterial, Lohn, Sondereinzelkosten, Energiekosten, nicht hingegen die Vertriebskosten und die produktionsbezogenen Verwaltungskosten.

47. Was versteht man unter dem Börsen- oder Marktwert?

Der Börsen- oder Marktwert ist der Wert oder Preis, den das Gut am Stichtag am Markt oder an der Börse erzielt.

48. Was versteht man unter dem Tages- oder Zeitwert?

Sofern ein Börsen- oder Marktwert für ein Wirtschaftsgut nicht festzustellen ist, tritt an seine Stelle der Tages- oder Zeitwert, der den Kosten der Wiederbeschaffung bzw. der Wiederherstellung für das betreffende Wirtschaftsgut am Tag der Bewertung entspricht.

49. Was versteht man unter dem Niederstwertprinzip?

Als Höchstgrenze für die Bewertung gelten die Anschaffungs- oder Herstellungskosten, die beim Anlagevermögen um die Abschreibungen zu berichtigen sind. Beim Umlaufvermögen sowie bei Beteiligungen ist hingegen der Börsen- oder Marktpreis dann anzusetzen, wenn er unter dem Anschaffungswert liegt.

50. Was versteht man unter dem Prinzip der Bilanzvorsicht?

Das Vermögen soll eher zu niedrig als zu hoch bewertet werden, um der Unberechenbarkeit der wirtschaftlichen Entwicklung vorzubeugen.

51. Welche Bewertungsverfahren beim Vorratsvermögen kennt man?

Nach § 155 AktG kennt man die lifo-Methode, die fifo-Methode, die hifo-Methode.

52. Was besagt die lifo-Methode?

Lifo bedeutet: last in, first out und besagt, daß die zuletzt bezogenen oder hergestellten Vorräte zuerst verkauft oder verbraucht worden sind und daß die zuerst gekauften Waren als Endbestand verbleiben. Die lifo-Methode ist bei steigenden Preisen zweckmäßig.

53. Was besagt die fifo-Methode?

Fifo bedeutet: first in, first out und besagt, daß die zuerst angeschafften oder hergestellten Vorräte auch zuerst verkauft oder verbraucht worden sind. Die fifo-Methode wird zweckmäßigerweise bei sinkenden Preisen angewendet.

54. Was besagt die hifo-Methode?

Die hifo-Methode besagt: highest in, first out, wonach die Gegenstände mit den höchsten Anschaffungs- oder Herstellungskosten zuerst verkauft oder verbraucht worden sind. Dieses Bewertungsverfahren empfiehlt sich dann, wenn die Kosten starken Schwankungen unterliegen.

55. Was ist der Zweck dieser drei Bewertungsverfahren?

Der Zweck der Bewertungsverfahren besteht darin, Preissteigerungsgewinne zu verhindern, die dann entstehen, wenn die Wiederbeschaffungskosten über den Anschaffungskosten der bereits umgesetzten Waren liegen.

56. Was ist ein Konto?

Das Konto ist eine Verrechnungsstelle für jeden Geschäftsvorfall und ermöglicht auf zwei gegenüberliegenden getrennten Seiten die gesonderte Erfassung der Zunahmen und Abnahmen und weist beim Vergleich der beiden Seiten den Saldo als Unterschied oder Bestand aus. Die linke Seite des Kontos trägt die Bezeichnung Soll und die rechte die Bezeichnung Haben.

57. Auf welche Weise wird die Auflösung der Bilanz in Konten vorgenommen?

Die Auflösung einer Bilanz in Konten erfolgt in der Weise, daß der Anfangsbestand der Aktiv- und der Passivseite auf den einzelnen Konten verbucht wird. Dabei gelten folgende Regeln: Die Aktivkonten nehmen den Anfangsbestand und die Zugänge auf der Sollseite und die Abgänge auf der Habenseite auf, während bei den Passivkonten umgekehrt verfahren wird. Hier werden der Anfangsbestand und die Zugänge auf der Habenseite und die Abgänge auf der Sollseite verbucht.

58. Was versteht man unter Bestandskonten?

Bestandskonten weisen tatsächlich vorhandene, rechnerisch ermittelte Bestände (Vermögenswerte, Verbindlichkeiten) aus.

59. Was sind Erfolgskonten?

Die Bestandskonten können nicht alle Geschäftsvorfälle aufnehmen, da ein Betrieb auch Aufwendungen macht und Erträge erzielt. Solche Aufwendungen, wie z.B. das Bezahlen einer Fernsprechrechnung oder Erträge, wie das Erzielen von Mieteinnahmen, werden auf besonderen Erfolgskonten gesammelt. Erfolgskonten sind mithin Konten, die keine Bestände ausweisen, sondern nur die Werte für entstandene Aufwendungen und erzielte Erträge enthalten.

60. Wie werden Erfolgskonten aufgegliedert?

Erfolgskonten werden in Aufwands- und Ertragskonten unterteilt. Typische Aufwandskonten sind Personalkosten, Steuern, Mietzahlungen und Zinsaufwendungen. Typische Ertragskonten: Boni von Lieferern gewährt, Zinserträge. Aufwendungen und Erträge müssen jeweils auf getrennten Konten verbucht werden.

61. Wie wird auf den Erfolgskonten gebucht?

Aufwandskonten nehmen die einzelnen Aufwendungen im Soll und die Rückbuchungen sowie den Saldo im Haben auf. Die Ertragskonten nehmen die einzelnen Erträge im Haben und die Rückbuchungen sowie den Saldo im Soll auf.

62. Wie ist der Zusammenhang von Bestands- und Erfolgskonten im Handel anschaulich zu erklären?

Der Handelsbetrieb nimmt Waren vom Beschaffungsmarkt, d.h. den Erzeugern auf, sammelt sie und reguliert den Vertrieb auf dem Absatzmarkt. Der Durchlauf der Waren verursacht Aufwendungen, d.h. Kosten, die von den Waren als Kostenträgern zu tragen sind. Der Einkauf von Waren ist von der Nachfrage, den flüssigen Mitteln, dem Vorhandensein der nachgefragten Ware und deren Preis auf den Beschaffungsmärkten abhängig, der Absatz von der Höhe der Aufwendungen und der Aufnahmebereitschaft der Abnehmern. Der Unterschied zwischen Einkaufspreis und Verkaufspreis setzt sich aus den Aufwendungen, d.h. den Kosten für Lagerung, Verwaltung, Verkauf sowie dem Erfolg zusammen. Die Gegenüberstellung der Aufwendungen und des Erfolges erfolgt auf dem Gewinn- und Verlustkonto und läßt den Erfolg des Unternehmens erkennen, der sowohl eine Kapitalmehrung als auch eine Kapitalminderung sein kann.

63. Aufgrund welcher Unterlagen erfolgt eine Buchung?

Buchungen dürfen grundsätzlich nur aufgrund von Belegen vorgenommen werden.

64. Was ist ein Beleg?

Unter einem Beleg wird die schriftliche Aufzeichnung über einen Geschäftsvorfall verstanden. Ist aus irgendwelchen Gründen kein Beleg vorhanden, so muß ein solcher geschaffen werden, z.B. durch Ausfertigen besonderer Quittungen. Man spricht in diesen Fällen von Ersatzbelegen. Ersatzbelege werden gelegentlich auch verwendet, obwohl die Originalbelege vorhanden sind. Das ist etwa bei den sog. Sammelbelegen der Fall, die dann angefertigt werden, wenn die Erfassung und Verbuchung von Einzelbelegen zu aufwendig wäre.

65. Was eignet sich als Buchungsbeleg?

Als Buchungsbelege kommen in Frage: Quittungen, ein- und ausgehende Rechnungen, Schecks, Wechsel, Bankauszüge, Mängelrügen. Da viele Geschäftsvorfälle mehrere Belege bewirken, z.B. fallen bei der Ausgabe von Waren Lieferscheine, Lagerbestands- bzw. Ausgabebelege und Rechnungen an, können Doppelbuchungen entstehen, sofern nicht eindeutig festgelegt wird, welche Belege als Grundlage für die Buchungen verwendet werden sollen.

66. Wie muß ein Beleg verbucht werden?

Jeder Beleg muß numeriert werden und einen Buchungsvermerk tragen sowie den zugrundeliegenden Geschäftsvorfall eindeutig bezeichnen.

67. Was ist ein Kontenrahmen?

Mit Hilfe eines Kontenrahmens wird die gleichartige Aufgliederung der Konten sämtlicher Betriebe eines Wirtschaftsbereiches bezweckt. Es ist den Betrieben mithin nicht mehr wie früher gestattet, die Konten nach eigenem Belieben zu gliedern.

68. Für welche Bereiche bestehen eigene Kontenrahmen?

Für die verschiedenen Wirtschaftszweige wie die Industrie, den Großhandel, den Einzelhandel, die Banken bestehen jeweils gesonderte Kontenrahmen, die auf die jeweiligen Belange zugeschnitten sind.

69. Wie ist ein Kontenrahmen aufgebaut?

Der Kontenrahmen ist nach dem Dezimalsystem aufgebaut. Er ist in Kontenklassen, Kontengruppen, Kontenarten und in einzelne Konten untergliedert. Jeder Kontenrahmen besteht grundsätzlich aus 10 Kontenklassen mit den Ziffern 0 - 9. Diese wiederum sind in 10 Kontengruppen und diese in 10 Kontenarten unterteilt. Während die Betriebe verpflichtet sind, die vorgeschriebenen Kontenklassen und Kontengruppen einzuhalten, sind sie in der Untergliederung der Kontengruppen in Kontenarten weitgehend frei.

70. Wie verfährt der Betrieb bei der Gestaltung des Kontenrahmens?

Der Betrieb stellt anhand des Kontenrahmens den auf seine Belange zugeschnittenen Kontenplan auf. Dieser ist ein Teil des auf die speziellen Bedürfnisse abgestellten Organisationsplanes des Betriebes.

71. Wie ist der Kontenrahmen des Großhandels gegliedert?

Kontenklasse	0	Anlage- und Kapitalkonten
"	1	Finanzkosten
"	2	Abgrenzungskonten
"	3	Wareneinkaufskonten
"	4	Boni und Skonti
"	5	Konten der Kostenarten
"	6	Kosten der Nebenbetriebe

`"`	7	frei
`"`	8	Warenverkaufskonten
`"`	9	Abschlußkonten

72.   Wie ist der Kontenrahmen des Einzelhandels gegliedert?

Der Einzelhandels-Kontenrahmen entspricht im wesentlichen dem des Großhandels. Lediglich in Klasse 4 werden die Kostenarten gebucht und die Klassen 5, 6 und 7 bleiben frei, da es eine Klasse für Boni und Skonti nicht gibt.

73.   Was versteht man unter neutralem Aufwand?

Unter neutralem Aufwand versteht man einen Werteverzehr, der nicht betriebsbedingt ist und deshalb nicht zu den Kosten zählt.

74.   Wie wird der neutrale Aufwand unterteilt?

Der neutrale Aufwand wird unterteilt in betriebsfremden und in außerordentlichen Aufwand. Ein betriebsfremder Aufwand entsteht nicht zum Zwecke der Leistungserstellung, z.b. Verluste aufgrund von Wechselkursänderungen, Reparaturen für ein dem Unternehmen gehörendes, aber nicht betrieblich genutztes Gebäude. Ein außerordentlicher Aufwand wird zwar durch den Betrieb hervorgerufen, entspricht aber nicht dem normalen Betriebsablauf, z.b. durch Schadensfälle, Diebstahl, Zahlungsunfähigkeit eines Schuldners.

75.   Was versteht man unter neutralen Erträgen?

Neutrale Erträge sind solche, die nicht betriebsbedingt sind. Hierzu zählen betriebsfremde Erträge, wie z.b. Spekulationsgewinne, Erträge aus Wechselkursänderungen, Mieterträge aus nicht betrieblich genutzten Gebäuden und außerordentliche Erträge, wie z.b. der Verkauf von Gegenständen des Anlagevermögens, soweit der Verkaufswert den Buchwert übersteigt. Es handelt sich also um Erträge, denen keine kostenverursachende Leistungen zugrunde liegen.

76.   Was versteht man unter Rückstellungen?

Rückstellungen sind besonders ausgewiesene Posten, die für mögliche Verbindlichkeiten gebildet werden, die dem Grunde nach bekannt, in ihrer Höhe und ihrem Zahlungstermin noch ungewiß sind.

77.   Wie werden Vorgänge auf dem Warenkonto gebucht?

Das Warenkonto wird in ein Wareneinkaufskonto und in ein Warenverkaufskonto aufgeteilt. Das Wareneinkaufskonto wird als Bestandskonto, das Warenverkaufskonto als Erfolgskonto geführt.

78. Wie wird auf dem Wareneinkaufskonto gebucht?

Das Wareneinkaufskonto (Bestandskonto) enthält im Soll den Anfangsbestand und die Zugänge, im Haben die Rücksendungen an Lieferanten und die Preisnachlässe von Lieferanten. Es enthält also die Einstandspreise und den Geschäftsverkehr mit den Lieferanten.

79. Was wird auf dem Warenverkaufskonto gebucht?

Das Warenverkaufskonto (Erfolgskonto) enthält im Soll die Rücksendungen von Kunden und die Preisnachlässe an Kunden, im Haben die Verkäufe an Kunden. Es enthält mithin die Verkaufspreise und den Geschäftsverkehr mit Kunden.

80. Was versteht man unter dem Wareneinsatz?

Der Wareneinsatz sind die verkauften Waren zu Einstandspreisen.

81. Wie wird der Wareneinsatz ermittelt?

Die Berechnung geschieht nach der Formel:
Anfangsbestand + Zugänge ./. Rücksendungen an Lieferanten ./. Preisnachlässe der Lieferanten + Endbestand = Wareneinsatz. Der Warenendbestand wird in der Regel durch die Inventur ermittelt, da es infolge der Vielzahl der Verkaufsgeschäfte zu aufwendig wäre, jeden einzelnen Warenabgang zu Einstandspreisen auf dem Wareneingangskonto zu verbuchen.

82. Wie wird der Rohgewinn ermittelt?

Der Rohgewinn wird durch Berechnung des Saldos des Warenverkaufskontos ermittelt. Dieser entsteht durch die Ermittlung des Unterschieds zwischen Wareneinkauf zu Einstandspreisen und den Warenverkauf zu Verkaufspreisen.

83. Wie wird der Warenendbestand verbucht?

Der Warenendbestand ist der Saldo des Wareneinkaufskontos, d.h. die Differenz zwischen Anfangsbestand + Zugängen ./. Wareneinsatz. Er wird auf dem Schlußbilanzkonto gegengebucht und in die Schlußbilanz übernommen.

84. Was versteht man unter Nettoabschluß?

Wird der Rohgewinn beim Abschluß in die Gewinn- und Verlustrechnung übernommen, spricht man von einem Nettoabschluß.

85. Was versteht man unter einem Bruttoabschluß?

Wird der Umsatz in die Gewinn- und Verlustrechnung übernommen, handelt es sich um einen Bruttoabschluß. In diesem Fall ist der Wareneinsatz auf der Sollseite der Gewinn- und Verlustrechnung zu buchen.

86. Was ist das Ziel der Abschreibung?

Da der Wert von Wirtschaftsgütern des Anlagevermögens, deren Nutzung zeitlich begrenzt ist, Veränderungen durch technische Abnutzung, wirtschaftliche Entwertung oder steigende Preisen unterliegt, müssen diese durch Abschreibungen, d.h. durch Minderung des Anschaffungs- oder Herstellungswertes berücksichtigt werden. Die Abschreibung dient mithin der richtigen Darstellung der Vermögens- und der Ertragslage.

87. Welche Abschreibungsarten werden unterschieden?

Man unterscheidet die lineare und die degressive Abschreibung.

88. Was ist das Prinzip der linearen Abschreibung?

Bei der linearen Abschreibung werden die Anschaffungs- oder Herstellungskosten in gleichen Beträgen auf die Jahre der betriebsgewöhnlichen Nutzung verteilt.

89. Was ist das Prinzip der degressiven Abschreibung?

Bei der degressiven Abschreibung wird während der Nutzungszeit mit einem unveränderten Abschreibungsprozentsatz vom jeweiligen Buchwert des Anlagegutes abgeschrieben.

90. Wie werden Löhne und Gehälter gebucht?

Da den Arbeitnehmern das vereinbarte Entgelt nicht voll ausgezahlt werden darf, und die verschiedenen Abgaben, wie Lohnsteuer, Kirchensteuer und Sozialabgaben zu berücksichtigen sind, die der Arbeitgeber aufgrund der Vorschriften des Einkommensteuergesetzes und der Lohnsteuerdurchführungsverordnung abziehen muß, sind mehrere Buchungen notwendig. Der Auszahlungsbetrag wird auf einem Finanzkonto gebucht. Der Unterschied zu den Entgelten, d.h. die Abzüge, sind bis zur Überweisung an das Finanzamt oder an die Sozialversicherungsträger als Sonstige Verbindlichkeiten auszuweisen. Sie können auch als Noch abzuführende Abgaben geführt und in dieser Form für jeden einzelnen Bereich noch weiter unterteilt werden.

91. Welche Vorschriften gelten für die Gewinn- und Verlustrechnung?

Die Gewinn- und Verlustrechnung ist nach § 275 HGB in Staffelform nach dem Gesamtkostenverfahren oder dem Umsatzkostenverfahren aufzustellen. Wird das Gesamtkostenverfahren angewandt, so sind auszuweisen: 1. die Umsatzerlöse, 2. Erhöhung oder Verminderung des Bestandes an fertigen oder unfertigen Erzeugnissen, 3. andere aktivierte Eigenleistungen, 4. sonstige betriebliche Erträge, 5. Materialaufwand, 6. Personalaufwand, 7. Abschreibungen, 8. sonstige betriebliche Aufwendungen, 9. Erträge aus Beteiligungen, 10. Erträge aus Wertpapieren, 11. Zinserträge, 12. Abschreibungen, 13. Zinsaufwendungen, 14. Ergebnis der gewöhnlichen Geschäftstätigkeiten, 15. außerordentliche Erträge, 16. außerordentliche Aufwendungen, 17. außerordentliche Ergebnisse, 18. Steuern vom Einkommen und vom Ertrag, 19. sonstige Steuern, 20. Jahresüberschuß/Jahresfehlbetrag.

Bei Anwendung des Umsatzkostenverfahrens sind auszuweisen: 1. Umsatzerlöse, 2. Herstellungskosten, 3. Bruttoergebnis vom Umsatz, 4. Vertriebskosten, 5. allgemeine Verwaltungskosten, 6. sonstige betriebliche Erträge, 7. sonstige betriebliche Aufwendungen, 8. Erträge aus Beteiligungen, 9. Erträge aus Wertpapieren, 10. Zinserträge, 11. Abschreibungen, 12. Zinsaufwendungen, 13. Ergebnis der gewöhnlichen Geschäftstätigkeit, 14. außergewöhnliche Erträge, 15. außergewöhnliche Aufwendungen, 16. außerordentliches Ergebnis, 17. Steuern vom Einkommen und Ertrag, 18. sonstige Steuern, 19. Jahresüberschuß/Jahresfehlbetrag.

92.   Warum ist eine kurzfristige Erfolgsrechnung notwendig?

Die für jeweils ein Wirtschaftsjahr durchgeführte Gewinn- und Verlustrechnung steht zu spät zur Verfügung, um dem Unternehmer als Instrument einer aktiven Beeinflussung des Geschäftsablaufs dienen zu können. Das Unternehmen braucht jedoch kurzfristige Übersichten über den betrieblichen Erfolg, um sich in seiner Absatzpolitik auf veränderte Gegebenheiten einstellen zu können. Diesem Ziel dient die kurzfristige Erfolgsrechnung.

93.   Welche Verfahren sind im Rahmen der kurzfristigen Erfolgsrechnung üblich?

Im Handel ist die Bruttoertragsrechnung üblich, bei der den Kostenträgern, d.h. den Warengruppen, die Wareneinstandskosten als Einzelkosten direkt zugeordnet werden. Dies geschieht entweder im Wege des Verkaufswertverfahrens oder des Einstandswertverfahrens. Es ist aber auch die sog. Deckungsbeitragsrechnung möglich.

94.   Welche Schritte müssen bei der Einführung der kurzfristigen Erfolgsrechnung beachtet werden?

Zunächst muß ein Warengruppenplan aufgestellt werden. Anschließend sind zu ermitteln: der Umsatz, der Wareneingang, Preisänderungen und der Warenbestand.

95.   Was ist Deckungsbeitrag und was bezahlt die Deckungsbeitragsrechnung?

Deckungsbeitrag ist die Differenz zwischen den Erlösen eines Betriebes und den variablen Kosten der gleichen Geschäftsperiode. Aus dem Deckungsbeitrag sind alle fixen Kosten zu decken, bevor ein Gewinn entsteht. Die Dekkungsbeitragsrechnung geht einen Schritt weiter als die oben genannten Verfahren, bei denen nur Wareneinstandskosten, nicht aber die übrigen fixen und variablen Kosten berücksichtigt werden. Die Deckungsbeitragsrechnung als kurzfristige Erfolgsrechnung ist in 2 Formen möglich:
1. als Teilkostenrechnung auf Grenzkostenbasis (direct costing) und
2. auf der Basis einer Einzelkostenrechnung.

96.   Was versteht man unter einem Betriebsvergleich?

Unter einem Betriebsvergleich versteht man den zahlenmäßigen Vergleich betrieblicher Vorgänge, Entwicklungen und Zustände entweder innerhalb eines Betriebes zu verschiedenen Zeiten (innerbetrieblicher Vergleich) oder in verschiedenen Bereichen eines Wirtschaftszweiges (zwischenbetrieblicher Vergleich).

97.   Wie kann der innerbetriebliche Vergleich durchgeführt werden?

Der innerbetriebliche Vergleich kann auf drei Arten durchgeführt werden: als Zeitvergleich, als Soll-Ist-Vergleich und als Verfahrensvergleich.

98.   Wie wird der Zeitvergleich durchgeführt?

Beim Zeitvergleich werden bestimmte betriebliche Größen, wie z.B. der Umsatz, die Zahl der Beschäftigten, die Kosten oder die Ergebnislage des eigenen Betriebes an verschiedenen Zeitpunkten bzw. innerhalb verschiedener Zeiträume untersucht.

99.   Wie wird der Soll-Ist-Vergleich durchgeführt?

Beim Soll-Ist-Vergleich werden die gleichen betrieblichen Bereiche am gleichen Zeitpunkt oder für gleiche Zeiträume gegenübergestellt, und zwar mit den Wertansätzen der Sollwerte, z.B. den Plankosten einer Kostenstelle und den geplanten Umsätzen, die in Beziehung zu den ermittelten Ist-Werten gesetzt werden.

100. Wie wird der Verfahrensvergleich durchgeführt?

Beim Verfahrensvergleich werden verschiedene betriebliche Verfahren im gleichen Zeitpunkt oder für gleiche Zeiträume miteinander verglichen.

101. Wie kann der zwischenbetriebliche Vergleich durchgeführt werden?

Der zwischenbetriebliche Vergleich kann als Vergleich von Betrieben desselben Wirtschaftszweiges, von Betrieben verschiedener Wirtschaftszweige und als Richtzahlenvergleich durchgeführt werden.

102. Wie wird der Vergleich von Betrieben desselben Wirtschaftszweiges durchgeführt?

Beim Vergleich von Betrieben desselben Wirtschaftszweiges werden gleiche Faktoren verschiedener Betriebe zum gleichen Zeitpunkt oder in einem gleichen Zeitraum einander gegenübergestellt, so z.B. die Umsatzentwicklung im gesamten Lebensmitteleinzelhandel. Insbesondere im Handel wird z.B. der Umsatz je beschäftigter Person oder je m^2 Verkaufsfläche zum Vergleichsmaßstab genommen.

103. Wie wird der Vergleich von Betrieben verschiedener Wirtschaftszweige durchgeführt?

Bei dieser Vergleichsform werden die Daten der Branche mit den gleichen Faktoren anderer Branchen zu einem bestimmten Zeitpunkt verglichen.

104. Wie wird der Richtzahlenvergleich durchgeführt?

Beim Richtzahlenvergleich werden betriebseigene Kennzahlen mit der Branchendurchschnittszahlen verglichen.

105. Welche Voraussetzungen müssen gegeben sein, um einen Betriebsvergleich durchführen zu können?

Voraussetzung für jeden Betriebsvergleich ist, daß die betrieblichen Zahlen, mit denen man arbeiten will, auch tatsächlich vergleichbar sind. In vielen Fällen bedeutet dies, daß die Zeiträume verändert werden müssen oder daß das Rechnungswesen verändert und den zu vergleichenden Daten angepaßt werden muß.

106. Wie läßt sich eine Vergleichbarkeit herstellen?

Um beim Betriebsvergleich zu aussagefähigen Zahlen zu kommen, müssen verschiedene Probleme gelöst werden, z.b. müssen Preisschwankungen und inflationäre Entwicklungen berücksichtigt werden. Dies kann geschehen, indem man entweder Indexrechnungen einführt oder feste Verrechnungspreise verwendet.

II. Kostenrechnung

107. Welche Hauptaufgabe hat die Kostenrechnung?

Aufgabe der Kostenrechnung ist die Erfassung, Verteilung und Zurechnung der Kosten und der kurzfristigen Ermittlung des Betriebsergebnisses mit dem Ziel, durch Ermittlung der voraussichtlich anfallenden Kosten eine Grundlage für die betrieblichen Dispositionen zu erhalten und einen Vergleich der tatsächlichen mit den geplanten Kosten durchzuführen. Ferner dient sie der laufenden Kontrolle der Kostenentwicklung eines Betriebes.

108. Aus welchen Teilgebieten besteht die Kostenrechnung?

Die Kostenrechnung besteht aus der Betriebsabrechnung und der Selbstkostenrechnung (Kalkulation).

109. Was versteht man unter Betriebsabrechnung?

Die Betriebsabrechnung ist eine Periodenrechnung. Sie ermittelt als Kostenartenrechnung, welche Arten von Kosten angefallen sind und verteilt als Kostenstellenrechnung die Kostenarten auf die einzelnen Kostenbereiche mit dem Ziel, festzustellen, wo die Kosten entstanden sind, um eine genaue Zurechnung der Kosten auf die Leistungen der Periode zu erreichen. Die Kostenträgerrechnung wird auch als Kalkulation bezeichnet.

110. Was sind Kosten?

Kosten sind wertmäßiger Verzehr von Gütern und Leistungen zum Zwecke der betrieblichen Leistungserstellung.

111. Was ist Aufwand?

Aufwand ist der Verbrauch an Gütern und Diensten in einer Unternehmung während einer bestimmten Zeitperiode.

112. Wie arbeitet die Selbstkostenrechnung?

Die Selbstkostenrechnung baut auf der Kostenarten- und Kostenstellenrechnung sowie der Kostenträgerzeitrechnung auf und führt als Kostenträger-Stückrechnung die Zurechnung der Kosten auf die einzelne Leistung durch. Sie ist mithin die Grundlage für die Kalkulation. Wird sie vor der Erstellung der Leistung durchgeführt, handelt es sich um eine Vorkalkulation, bei der geplante Kosten verwendet werden; erfolgt sie nach Abschluß der Leistung, so handelt es sich um die Nachkalkulation, die die tatsächlich ermittelten Kosten berücksichtigt.

113. Nach welchen Prinzipien werden Kosten den Kostenstellen oder Kostenträgern zugeordnet?

Man unterscheidet: die Kostenverursachung, die Kostentragfähigkeit und die Durchschnittsbildung.

114. Was bedeutet das Prinzip der Kostenverursachung?

Dieses Prinzip besagt, daß jede Kostenstelle und jeder Kostenträger mit dem Kostenbetrag zu belasten ist, den er verursacht hat. Ist eine solche einwandfreie Zuordnung der Kosten nicht möglich, wird nach einem der beiden anderen Prinzipien verfahren.

115. Was besagt das Prinzip der Kostentragfähigkeit?

Dieses Prinzip besagt, daß die Kosten im proportionalen Verhältnis zu den Deckungsbeiträgen der Kostenträger aufgeteilt werden.

116. Was besagt das Durchschnittsprinzip?

Dieses Prinzip besagt, daß die Kosten im Durchschnitt auf die verschiedenen Leistungen aufgeteilt werden.

117. Welche Systeme der Kostenrechnung werden angewandt?

In der Praxis wird mit folgenden Kostensystemen gearbeitet: Istkostenrechnung, Normalkostenrechnung, Plankostenrechnung, Vollkostenrechnung, Teilkostenrechnung und Grenzkostenrechnung.

118. Was ist die Istkostenrechnung?

Eine Istkostenrechnung liegt vor, wenn die tatsächlich angefallenen Kosten verrechnet werden. Die Istkostenrechnung ist immer eine Vergangenheitsrechnung.

119. Was ist die Normalkostenrechnung?

Eine Normalkostenrechnung liegt vor, wenn bestimmte Kosten nicht mit ihren tatsächlichen, sondern mit durchschnittlichen Mengen und Preisen verrechnet werden. Die Normalkostenrechnung unterstellt die in der Vergangenheit errechneten Werte als richtig.

120. Was ist die Plankostenrechnung?

Plankostenrechnung liegt dann vor, wenn die Kosten aufgrund detaillierter Berechnungen unter Einbeziehung zukünftiger Erwartungen vorgeplant und die Kosten für die einzelnen Kostenstellen und Kostenträger vorgegeben werden.

121. Was ist die Vollkostenrechnung?

Bei der Vollkostenrechnung werden alle angefallenen Kosten auf die Kostenträger verrechnet.

122. Was ist die Teilkostenrechnung?

Bei der Teilkostenrechnung wird jeweils nur ein Teil der anfallenden Kosten den Kostenträgern zugerechnet, und zwar nur die variablen Kosten, während die fixen Kosten erst über die Erfolgsrechnung abgerechnet werden.

123. Was ist die Grenzkostenrechnung?

Die Grenzkostenrechnung, auch Deckungsbeitragsrechnung genannt, geht von der Annahme aus, daß sich die fixen Kosten niemals exakt auf die Kostenträger verteilen lassen. Bei der Grenzkostenrechnung werden daher nur Einzelkosten und direkt mengenabhängige Gemeinkosten berücksichtigt.

124. Was ist das Prinzip der Kostenartenrechnung?

Die Kostenartenrechnung dient der systematischen Erfassung aller Kosten, die bei der Erstellung von Leistungen entstehen und gruppiert sie ihrer Art nach.

125. Wie können die Kostenarten eingeteilt werden?

Die Kostenarten können einmal nach der Art der verbrauchten Produktionsfaktoren und zum andern nach den betrieblichen Funktionen eingeteilt werden.

126. Welche Kostenarten lassen sich nach der Art der verbrauchten Produktionsfaktoren unterteilen?

Man unterscheidet: Personalkosten, Sachkosten wie Roh-, Hilfs- und Betriebsstoffe, Abschreibungen; Kapitalkosten, Kosten für Dienstleistungen Dritter, Kosten für Steuern, Gebühren und Beiträge.

127. Welche Kostenarten lassen sich nach den betrieblichen Funktionen unterscheiden?

Kosten der Beschaffung, Kosten der Lagerhaltung, Kosten der Fertigung, Kosten der Verwaltung, Kosten des Verkaufs.

128. Wie lassen sich die Kosten nach der Art ihrer Verrechnung unterteilen?

Nach der Art der Verrechnung der Kosten lassen sich Einzel- und Gemeinkosten unterscheiden. Die Einzelkosten können pro Kostenträger genau erfaßt werden und werden ihnen daher unmittelbar, d.h. ohne vorherige Verrechnung über die Kostenstellen zugeordnet. Die Gemeinkosten lassen sich nicht direkt auf die Leistung zurechnen, da sie für mehrere oder alle Leistungen der Kostenbereiche entstanden sind. Mithin kann man bei ihnen die Verursachung in der Regel nicht als Verteilungsprinzip anwenden.

129. Was ist die Aufgabe der Kostenstellenrechnung?

Die Kostenstellenrechnung baut auf der Kostenartenrechnung auf und gibt Aufschluß darüber, wo die Kosten im Betrieb angefallen sind. Sie soll einmal eine genaue Zurechnung der Gemeinkosten auf die Kostenträger ermöglichen und zum anderen der Überwachung und Kontrolle der Wirtschaftlichkeit dienen.

130. Wie werden Kostenstellen gebildet?

Kostenstellen können einmal nach betrieblichen Funktionen, zum anderen nach Verantwortungsbereichen oder nach räumlichen Gesichtspunkten und schließlich nach rechentechnischen Gesichtspunkten vorgenommen werden.

131. Welche Kostenarten fallen im Handelsunternehmen an?

Im Handelsunternehmen werden die Warenkosten den einzelnen Waren, den Artikel- bzw. Warengruppen oder auch der Abteilung als Kostenträger zugeordnet. Darüber hinaus sind folgende Kostenarten zu berücksichtigen: Personalkosten + Unternehmerlohn oder Personalkosten einschl. Unternehmerlohn, Miete oder Mietwert, Sachkosten für Geschäftsräume, Kosten für Werbung, Gewerbesteuer, Kraftfahrzeugkosten, Zinsen für Fremdkapital, Zinsen für Eigenkapital, Abschreibungen, sonstige Kosten.

132. Welche Kostenstellen fallen im Handelsbetrieb an?

Unter Kostenstellen im Handelsbetrieb sind organisatorisch, arbeits- und kostenmäßig abgrenzbare Teile des Handelsbetriebes zu verstehen. Da die Kostenstellen in Haupt-, Neben- und Hilfskostenstellen unterteilt werden, können im Handelsbetrieb sowohl die Abteilungen als auch die Warengruppen Hauptkostenstellen sein. Nebenkostenstellen könnten mithin das Lager, und Hilfskostenstellen z.b. die Verwaltung, der Strom, der Fuhrpark sein.

133. Was ist ein Betriebsabrechnungsbogen?

Die Kostenstellenrechnung wird entweder kontenmäßig oder aber tabellarisch durch Verwendung eines Betriebsabrechnungsbogens vorgenommen. Auf einem Betriebsabrechnungsbogen werden die einzelnen Kostenarten vertikal und die Kostenstellen horizontal aufgenommen.

134. Was ist die Aufgabe eines Betriebsabrechnungsbogens?

Der Betriebsabrechnungsbogen hat die Aufgabe:
a) Die Kosten, die nicht direkt dem Kostenträger zurechenbar sind, d.h. also die Gemeinkosten, nach dem Verursachungsprinzip auf die Kostenstellen zu verteilen;
b) die Kosten der Hilfskostenstellen auf die Hauptkostenstellen umzulegen;
c) Kalkulationssätze für jede Kostenstelle durch Gegenüberstellung von Einzel- und Gemeinkosten für die Vor- und die Nachkalkulation zu ermitteln und
d) die Berechnung von Kennzahlen zur Kontrolle der Wirtschaftlichkeit der einzelnen Kostenstellen zu ermöglichen.

135. Was ist die Aufgabe der Kostenträgerrechnung?

Die Kostenträgerrechnung hat die Aufgabe, die Herstell- und die Selbstkosten auf die Leistungseinheiten zu verrechnen. Sie ist die Grundlage der Bewertung der Bestände, der preispolitischen Entscheidung sowie der Kalkulation.

136. Welche Formen der Zurechnung der Kosten auf die Kostenträger bestehen?

a) Die Divisionskalkulation (Massenkalkulation),
d) die Zuschlagskalkulation.

137. Was ist das Kennzeichen der Divisionskalkulation?

Bei der Divisionskalkulation werden die Gesamtkosten einer Periode durch die gesamte in dieser Zeit produzierte Menge dividiert. Die Divisionsmethode findet daher überwiegend in der Industrie Anwendung. Die Divisionskalkulation ist überdies verfeinert worden, um den vielfältigen Bedürfnissen industrieller Erzeugung gerecht werden zu können. Diesen Zwecken dienen z.b. die zwei- und die mehrstufige Divisionskalkulation und die Divisionskalkulation mit Äquivalenzziffern.

138. Was ist das Kennzeichen der Zuschlagskalkulation?

Bei der Zuschlagskalkulation werden die Kosten in Einzelkosten und in Gemeinkosten unterteilt. Während die Einzelkosten den Kostenträgern direkt zugeordnet werden, müssen die Gemeinkosten indirekt mit Hilfe von Schlüsseln und Zuschlägen auf die Kostenträger verteilt werden, damit jedes Produkt mit den Kosten belastet werden kann, die es tatsächlich verursacht hat. In der Wahl der Schlüsselgröße für die Verrechnung der Gemeinkosten liegt die Schwierigkeit der Zuschlagskalkulation.

139. Welches Kalkulationsverfahren findet im Handel Anwendung?

Im Handel wird das Zuschlagsverfahren angewendet. Es unterscheidet sich im Aufbau von dem Zuschlagsverfahren der Industrie. Im Industriebetrieb stehen die produktionstechnischen Vorgänge und im Handelsbetrieb die Einkaufs- und Verkaufstätigkeiten im Vordergrund. Dagegen treten sowohl im Industriebetrieb Einkaufs- und Verkaufsprozesse auf wie im Handelsbetrieb Manipulationsvorgänge, die der Handelsware eine konsumgerechte Form geben sollen. Das Ziel der Handelskalkulation ist die Erfassung des Güterverbrauchs, der durch den Leistungsprozeß der Handelsbetriebe entsteht und der Ermittlung der besonderen Einkaufs- und Verkaufskosten. Im Vordergrund stehen daher drei Bereiche: die Beschaffungskalkulation, die Leistungskalkulation und die Absatzkalkulation.

140. Was ist die besondere Aufgabe der Kalkulation im Handel?

Es müssen folgende Fragestellungen geklärt werden:
a) Die Ermittlung der Einstandskosten als Preisobergrenze für die Einkäufe,
b) Ermittlung des Brutto-Verkaufspreises als Preisuntergrenze für den Vergleich, ob der Markterlös die kalkulierten Kosten und die veranschlagte Gewinnspanne deckt,
c) Bewertung der Bestände für die Inventur,

d) Errechnung der Differenz zwischen Selbstkosten und Nettoerlös, um
   festzustellen, ob die Gewinnspanne bei solchen Waren ausreichend ist,
   bei denen die Preise durch die Konkurrenz bestimmt sind,

e) Durchführung von Kostenvergleichen als innerbetrieblicher Ist-Vergleich
   oder als Vergleich mit Branchen-Kennziffern.

141. Wie ist die Zuschlagskalkulation im Handel aufgebaut?

Das Schema der Zuschlagskalkulation im Handel lautet:

   Einkaufspreis der Ware
+ Bezugskosten
_____

= Einstandspreis
+ Handlungskosten (Betriebskosten)
_____

= Selbstkosten der Ware
+ Gewinn
_____

= Nettoverkaufspreis der Ware
+ Mehrwertsteuer
_____

= Bruttoverkaufspreis der Ware

142. Was ist der Ausgangspunkt für die Kalkulation im Handel?

Ausgangspunkt für die Kalkulation im Handel ist der Einstandspreis der
Ware. Hinzuzurechnen sind die Bezugskosten und abzuziehen sind Rabatte
und Skonti. Als Bezugskosten fallen in der Regel Verpackungskosten,
Fracht, Rollgelder und Porti an. Die Mehrwertsteuer bleibt unberücksich-
tigt, da sie nur durchlaufender Posten ist und die Kalkulationsbasis nicht
berührt.

143. Was versteht man unter der Handelsspanne?

Unter der Handelsspanne versteht man die Differenz zwischen dem Ein-
stands- und dem Verkaufspreis einer Ware, ausgedrückt in Prozente des Verkaufspreises.

144. Wie kann man die Handelsspannen unterteilen:

Man unterscheidet folgende Arten von Handelsspannen:
Einzelhandels- und Großhandelsspannen, ferner: Stückspannen, Warengrup-
penspannen, Betriebsspannen, Branchenspannen, Handelskettenspannen,
Totalspannen, oder nach dem Berechnungszeitpunkt: Sollspannen (Vorkal-
kulation) und Istspannen (Nachkalkulation).
Weitere Möglichkeiten sind: Festspannen, Toleranzspannen (Höchst- und
Mindestspannen), individuelle Spannen und kollektive Spannen.

145. Wie werden die Handelsspannen ermittelt?

Man kann die Spannen nach folgenden Methoden ermitteln:

a) Die Preise werden nach dem Kostenprinzip, bzw. nach kalkulierten Spannen gebildet,

b) die Preisbildung vollzieht sich nach dem Erlösprinzip bzw. nach der Konkurrenzlage (Marktspanne),

c) die Preisbildung erfolgt unter Berücksichtigung des Kosten- und Erlösprinzips nach betriebs- oder brancheüblichen Erfahrungssätzen,

d) es bestehen gebundene Spannen.

146. Wie wird der Kalkulationsaufschlag berechnet?

Bezieht man die Betragsspanne in DM auf den Einstandspreis, so erhält man den Kalkulationsaufschlag in Prozenten des Wareneinstandspreises.

$$\text{Kalkulationsaufschlag} = \frac{\text{Handelsspanne x 100}}{100 . /. \text{Handelsspanne}}$$

Umgekehrt wird die Handelsspanne wie folgt berechnet:

$$\text{Handelsspanne} = \frac{\text{Kalkulationsaufschlag x 100}}{100 + \text{Kalkulationsaufschlag}}$$

147. Was ist das progressive Verfahren bei der Kalkulation?

Sofern der Verkaufspreis als Endgröße der Kalkulation ermittelt werden soll, spricht man vom progressiven Verfahren, weil die Kostensätze in Prozenten in progressiver Folge in das Kalkulationsschema aufgenommen werden.

148. Was ist das retrograde Verfahren bei der Kalkulation?

Oftmals müssen Einstandskosten errechnet werden, um festzustellen, ob aufgrund eines gegebenen Verkaufspreises die Aufnahme eines Artikels lohnend ist. In diesem Fall knüpft die Rechnung an den Verkaufswert an und ermittelt die vorausgehenden Zwischenwerte in umgekehrter retrograder Folge.

149. Welche Kalkulationsverfahren sind im industriellen Bereich üblich?

Im industriellen Bereich werden die Divisionskalkulation und die Zuschlagskalkulation angewandt. Beide Verfahren sind in mehrfacher Hinsicht in der praktischen Anwendung verfeinert worden.

150. Wann wird die sog. einfache Divisionskalkulation angewandt?

Die sog. einfache Divisionskalkulation wird angewandt, sofern es sich um einen einzigen Kostenträger, d.h. um ein einziges Produkt handelt, das kontinuierlich angefertigt wird.

151. Wie wird bei der Divisionskalkulation verfahren?

Bei der Divisionskalkulation werden die Gesamtkosten einer Periode unter Weglassung der betriebsfremden und der außergewöhnlichen Aufwendungen nach Arten erfaßt und durch die Anzahl der im gleichen Zeitraum hergestellten Einheiten dividiert:

$$\text{Kosten des Kostenträgers} = \frac{\text{Summe der Kostenarten}}{\text{Anzahl der Kostenarten}}$$

152. Wann wird die mehrstufige Divisionskalkulation angewandt?

Die mehrstufige Divisionskalkulation muß angewandt werden, sobald der Produktionsfluß nicht kontinuierlich verläuft. Man kann entweder die Kalkulation für jede Fabrikationsstufe getrennt durchführen oder aber eine Trennung der Produktions- von den Vertriebs- und Verwaltungskosten vornehmen.

153. Was versteht man unter der Äquivalenzziffernrechnung?

Die Äquivalenzziffernrechnung oder auch Kalkulation mit Wertungsziffern stellt eine Abart der Divisionskalkulation dar. Sie wird angewandt, wenn das gleiche Produkt in verschiedenen Größen oder Qualitäten gefertigt oder unterschiedliche Produkte in der gleichen Produktionsweise gefertigt werden.

154. Wie wird die Äquivalenzmethode angewandt?

Die Äquivalenzmethode wird angewandt, indem man Äquivalenzziffern ermittelt. Dies geschieht durch die Ermittlung des Verhältnisses zwischen den Kosten mehrerer ähnlicher Produkte, die auf eine Einheitssorte bezogen werden. Die übrigen zu kalkulierenden Produkte werden zu dieser Einheit in ein entsprechendes Verhältnis gesetzt.

155. Wann wird die Zuschlagskalkulation angewandt?

Die Zuschlagskalkulation ist in den meisten Fällen notwendig, da die Bedingungen der Divisionskalkulation in aller Regel nicht vorliegen und es sich vielmehr um die Anfertigung ungleichartiger Einzelerzeugnisse verschiedener Typen in unterschiedlicher Herstellungsweise und zeitlicher Abfolge der

Produktion handelt. Die Anwendung der Zuschlagskalkulation setzt eine scharfe Trennung der Einzel- und der Gemeinkosten voraus.

156. Was ist bei der Anwendung der Zuschlagskalkulation zu beachten?

Die Anwendung der Zuschlagskalkulation setzt eine klare Trennung der Einzelkosten und der Gemeinkosten voraus. Die Einzelkosten werden dabei unmittelbar auf die Produktionseinheiten verteilt. Die Gemeinkosten werden gesammelt, nach gleichen Verursachungsprinzipien gegliedert und durch einen prozentualen Zuschlag auf die Fertigungslöhne und die Fertigungsmaterialien zugeteilt. Es muß versucht werden, nach Möglichkeit so viel wie nur möglich als Einzelkosten zu verrechnen, weil dadurch die Zuschlagsrechnung um so aussagefähiger wird. Als Kostenträger gelten entweder die Einzelprodukte, die Serien, Sorten oder die Kundenaufträge.

157. Was versteht man unter der summarischen Zuschlagskalkulation?

Die summarische Zuschlagskalkulation verteilt die Gesamtsumme der Gemeinkosten mit Hilfe eines allgemein geltenden Zuschlagssatzes auf die Einzelkosten.

158. Was ist die elektive Zuschlagsmethode?

Bei der elektiven Zuschlagsmethode werden die Gemeinkostenarten so in Gruppen aufgeteilt, daß zwischen jeder Gruppe und der für sie gewählten Zuschlagsgrundlage ein proportionales Verhältnis besteht. Man trennt z.B. nach materialabhängigen und nach lohnabhängigen Gemeinkosten. Eine weitere Aufgliederung ist möglich, indem man die Verwaltungs- und Vertriebsgemeinkosten aussondert und sie auf die Fertigungskosten verteilt. Auch können zusätzlich die Fertigungsgemeinkosten nach Kostenstellen aufgegliedert werden.

III. Zahlungs- und Kreditverkehr

159. Was versteht man unter bargeldlosem Zahlungsverkehr?

Unter bargeldlosem Zahlungsverkehr wird die Bewegung von Buchgeld verstanden. Der bargeldlose Zahlungsverkehr setzt voraus, daß sowohl der Zahlende als auch der Zahlungsempfänger über ein Konto – das ein Kontokorrent, ein Scheck, ein Giro oder ein Depositenkonto sein kann – bei einem Kreditinstitut oder über ein Postscheckkonto bei einem Postscheckamt verfügen.

160. Was ist eine Überweisung?

Eine Überweisung ist der Auftrag eines Kunden an seine Bank, zu Lasten seines Kontos einem begünstigten Dritten eine bestimmte Geldsumme zu übermitteln. Rechtlich handelt es sich dabei um einen sog. Geschäftsbesorgungsvertrag gemäß § 675 BGB.

161. Wie wird eine Überweisung durch die Banken erledigt?

Sofern der begünstigte Dritte — der Empfänger — bei der Bank des Auftraggebers kein Konto unterhält, muß die Gutschriftanzeige über die bestehenden Gironetze bzw. den Abrechnungsverkehr der Landeszentralbanken der Bank des Zahlungsempfängers zugeleitet werden. Der Zahlungsvorgang ist mit der Gutschrift des Überweisungsbetrages auf dem Konto des Begünstigten abgeschlossen.

162. Was ist ein Scheck?

Der Scheck ist die Anweisung des Ausstellers an ein Kreditinstitut oder ein Postscheckamt, aus seinem Guthaben bzw. aufgrund eines zugesagten Kredits an einen Dritten die im Scheck genannte Geldsumme bei Sicht zu zahlen. Rechtlich gesehen ist der Scheck ein Wertpapier.

163. Welche Bestandteile muß ein Scheck enthalten?

Ein Scheck muß, um als solcher zu gelten, folgende wesentliche, gesetzliche Bestandteile enthalten:
a) Die Bezeichnung „Scheck" im Text der Urkunde, und zwar in der Sprache, in der sie ausgestellt ist,
b) die unbedingte Anweisung, eine bestimmte Geldsumme zu zahlen,
c) den Namen dessen, der zahlen soll (Bezogener),
d) die Angabe des Zahlungsortes,
e) die Angabe des Tages und Ortes der Ausstellung,
f) die Unterschrift des Ausstellers.

164. Wer haftet für einen Scheck?

Für einen Scheck haftet der Aussteller.

165. Welche Arten von Schecks gibt es?

Man unterscheidet:
a) Inhaberscheck („oder Überbringer"). Die Übertragung erfolgt durch Einigung und einfache Übergabe,

b) Orderscheck. Ein Orderscheck liegt vor, wenn ein Scheck lediglich zugunsten einer bestimmten Person mit oder ohne ausdrücklichen Vermerk „an Order" ausgestellt ist.

c) Rektascheck. Enthält der auf eine bestimmte Person ausgestellte Scheck den Vermerk „nicht an Order", so wird er als Rektascheck bezeichnet. Dieser kann nur im Wege der bürgerlich-rechtlichen Abtretung (Zession) weitergegeben werden. Die Auszahlung bzw. Gutschrift erfolgt grundsätzlich an die im Text der Urkunde genannte Person.

166. Welche Scheckarten werden im Hinblick auf die Einlösung unterschieden?

Im Hinblick auf die Einlösung unterscheidet man den Barscheck, der für den Aussteller bei Verlust die Gefahr einer mißbräuchlichen Verwendung mit sich bringt, und den Verrechnungsscheck, der durch den quer über die Vorderseite des Schecks gesetzten Vermerk „nur zur Verrechnung" entsteht. Der Verrechnungsscheck berechtigt die Kreditinstitute nur, den Scheck im Wege der Gutschrift einzuziehen.

167. Wann sind Schecks einzulösen?

Schecks sind grundsätzlich bei Sicht zahlbar. Ein vordatierter Scheck ist am Tage der Vorlegung zahlbar. Die gesetzliche Vorlegungsfrist, innerhalb der der Scheck dem bezogenen Kreditinstitut zur Einlösung vorzulegen ist, beträgt bei Inlandsschecks 8 Tage ab Ausstellungstag, bei Schecks auf das europäische Ausland und die außereuropäischen Mittelmeerländer 20 Tage und bei Schecks auf sonstige Länder anderer Erdteile 70 Tage.

168. Was ist ein Wechsel?

Ein Wechsel ist eine Urkunde, die die unbedingte Anweisung enthält, eine bestimmte Geldsumme zu einem bestimmten Termin an eine im Wechsel genannte Person zu zahlen. Die Urkunde muß im Text als Wechsel bezeichnet sein und gilt kraft Gesetzes als geborenes Orderpapier und abstraktes Forderungspapier.

169. Wer kann die im Wechsel liegenden Rechte geltend machen?

Da der Wechsel ein Wertpapier ist, welches eine selbständige Zahlungsverpflichtung enthält, können alle im Wechsel verkörperten Rechte nur von demjenigen geltend gemacht werden, der sein Eigentumsrecht am Papier nachweist.

170. Welche Formen des Wechsels werden unterschieden?

Man unterscheidet den gezogenen Wechsel (Tratte) und den eigenen Wechsel (Solawechsel).

171. Welche gesetzlichen Bestandteile enthält der gezogene Wechsel?

a) die Bezeichnung „Wechsel" im Text der Urkunde, und zwar in der Sprache, in der sie ausgestellt ist,
b) die unbedingte Anweisung, eine bestimmte Geldsumme zu zahlen,
c) der Name dessen, der zahlen soll (Bezogener),
d) die Angabe der Verfallzeit,
e) die Angabe des Zahlungsortes,
f) der Name dessen, an den oder an dessen Order gezahlt werden soll (Wechselnehmer),
g) die Angabe des Ausstellungstages und -ortes,
h) die Unterschrift des Ausstellers (Trassanten).

172. Was ist bei der Angabe des Zahlungsortes zu beachten?

Wechselschulden sind Holschulden, d.h., der Wechsel muß bei Fälligkeit grundsätzlich beim Bezogenen eingezogen werden. Er kann aber auch bei einem Dritten (z.B. einem Kreditinstitut) und an einem anderen Ort zahlbar gestellt werden (Domizilwechsel). Fehlt die Angabe eines Zahlungsortes, so gilt der bei dem Namen des Bezogenen angegebene Ort als Zahlungsort.

173. Welche Bedeutung hat der eigene Wechsel (Solawechsel)?

Im Gegensatz zum gezogenen Wechsel (Tratte) enthält der eigene Wechsel das Versprechen des Ausstellers, an den genannten Wechselnehmer oder an dessen Order zu einem genau festgelegten Termin eine bestimmte Geldsumme zu zahlen. Hinsichtlich der gesetzlichen Wechselbestandteile unterscheidet sich der eigene Wechsel vom gezogenen Wechsel dadurch, daß die Angabe eines Bezogenen entfällt und in der Urkunde keine Anweisung, sondern ein unbedingtes Zahlungsversprechen gegeben wird.

174. Welche Arten von Wechseln sind im Geschäftsleben üblich?

Man kennt in der kaufmännischen Praxis folgende Wechselarten:
a) Waren- oder Handelswechsel. Sie dienen der Finanzierung eines Waren- oder Dienstleistungsgeschäfts,
b) Finanzwechsel, die der Geldbeschaffung dienen,
c) Bankakzepte. In diesem Fall läßt sich die Bank einen Wechsel ausstellen.

175. Welche Funktionen hat der Wechsel zu erfüllen?

Der Wechsel erfüllt eine Reihe von Funktionen: Die Zahlungsmittelfunktion, die Kreditfunktion. Diese Funktion ist wohl die wichtigste, denn die Bezahlung einer Verbindlichkeit wird durch die Ausstellung eines Wechsels (bzw. durch das Akzeptum die Laufzeit des Wechsels) hinausgeschoben. Ferner die Refinanzierungsfunktion, die Sicherungsfunktion, die Geldanlagefunktion (für die Banken).

176. Wer darf einen Wechsel zur Annahme an den Bezogenen vorlegen?

Jeder Wechselinhaber ist berechtigt, einen Wechsel bis zum Verfalltag dem Bezogenen an seinem Wohnort zur Annahme vorzulegen.

177. Wie wird ein Wechsel weitergegeben?

Die Weitergabe des Wechsels erfolgt durch eine Übertragungserklärung auf der Rückseite, die als Indossament bezeichnet wird.

178. Wie wird ein Wechsel eingelöst?

Der Inhaber eines Wechsels hat den Wechsel am Zahlungstag oder an einem der beiden folgenden Werktagen zur Zahlung vorzulegen. Mit dem Versäumen der Vorlegungsfrist verliert der Inhaber seine Rückgriffsansprüche gegenüber den Indossanten, dem Aussteller und allen anderen Wechselverpflichteten mit Ausnahme des Bezogenen.

179. Was geschieht bei Nichteinlösung des Wechsels?

Wird der Wechsel vom Bezogenen nicht eingelöst, so kann der Inhaber gegen seine Vormänner Rückgriff nehmen. Der Rückgriff ist mangels Annahme, mangels Sicherheit und mangels Zahlung gestattet.

180. Was versteht man unter einem Wechselprotest?

Der Protest ist eine öffentliche Urkunde, durch die allen Wechselbeteiligten bewiesen wird, daß vom Bezogenen die Zahlung nicht oder nur zum Teil zu erlangen war und daß der Wechsel ferner innerhalb der gesetzlich vorgesehenen Frist zur Zahlung vorgelegt wurde.

181. Was ist im Falle eines Wechselprotests zu tun?

Ist ein Wechsel zu Protest gegangen, so hat der Inhaber seinen unmittelbaren Vormann und den Aussteller innerhalb von vier Werktagen nach der Protesterhebung davon zu unterrichten. Ferner muß jeder Indossant seinen unmittelbaren Vormann benachrichtigen.

182. Was bewirkt der Regreß?

Alle Personen, die einen Wechsel ausgestellt, angenommen, indossiert oder mit einer Wechselbürgschaft versehen haben, haften dem jeweiligen Inhaber als Gesamtschuldner, d.h. der Inhaber kann jeden einzelnen oder mehrere oder alle zusammen in Anspruch nehmen, ohne an die Reihenfolge gebunden zu sein. Greift der Rückgriffsberechtigte auf seinen unmittelbaren Vormann zurück, so spricht man von einem Reihenregreß, überspringt er einen oder mehrere rückgriffsverpflichtete Vormänner, so handelt es sich um einen Sprungregreß.

183. Was versteht man unter einer Wechselprolongation?

Die Wechselprolongation dient der Vermeidung des Protests und besteht darin, daß der Aussteller dem zum Zeitpunkt der Fälligkeit des Wechsels zahlungsunfähigen Bezogenen einen Zahlungsaufschub gewährt.

184. Wie sind Wechselklage und Wechselzahlungsbefehl vorzunehmen?

Jeder Wechselgläubiger kann seine wechselrechtlichen Ansprüche in einem besonderen Wechselverfahren geltend machen. Für den Wechselprozeß gelten die Vorschriften der Zivilprozeßordnung über den Urkundenprozeß entsprechend.

185. Was versteht man unter Finanzierung?

Unter Finanzierung versteht man die Beschaffung, Verwendung und Rückzahlung von Kapital für die Zwecke einer Unternehmung.

186. Welche Finanzierungsanlässe werden unterschieden?

Man unterscheidet die Finanzierung im Hinblick auf:
a) den zeitlichen Ablauf,
b) nach der Häufigkeit des Finanzierungsanfalls,
c) nach der Fristigkeit des beschafften Kapitals,
d) nach den Finanzierungsquellen.

187. Wie wird die Finanzierung nach dem zeitlichen Ablauf unterteilt?

Man unterscheidet:
a) die Erst- oder Gründungsfinanzierung,
b) Folgefinanzierungen in Form von Erweiterungsfinanzierungen und Umfinanzierungen zum Zwecke von Umwandlungen, Fusionen oder Sanierungen.

188. Wie wird die Finanzierung nach der Häufigkeit des Finanzierungsanfalls unterschieden?

Man unterscheidet die laufende Finanzierung und die einmalige oder gelegentliche Finanzierung.

189. Wie wird die Finanzierung im Hinblick auf die Fristigkeit unterteilt?

Man unterscheidet die kurzfristige, die mittelfristige und die langfristige Finanzierung.

190. Welche Finanzierungsquellen unterscheidet man?

Man unterscheidet die externe Finanzierung und die interne Finanzierung (Außen- und Innenfinanzierung).

191. Auf welche Weise ist die Beschaffung von Kapital möglich?

Die Finanzierung des Kapitalbedarfs kann auf dem Wege der Eigenfinanzierung, der Fremdfinanzierung und der Selbstfinanzierung erfolgen.

192. Was versteht man unter der Eigenfinanzierung (Finanzierung mittels Eigenkapital)?

Bei der Eigenfinanzierung handelt es sich um die Finanzierung durch Beteiligung oder Einlagen. In diesen Fällen erhält das Unternehmen das Eigenkapital von den Eigentümern zugeführt. Bei der Eigenfinanzierung handelt es sich meist um nichtkündbares Kapital, das der Gesellschaft langfristig zur Verfügung steht. Es bildet die Basis für die Kreditwürdigkeit der Unternehmung und kann für alle Zwecke, selbst für risikoreiche, eingesetzt werden. Mit der Aufnahme dieser finanziellen Mittel entstehen keine laufenden festen Ausgaben und Aufwendungen. Ein schlechtes Geschäftsergebnis wirkt sich über eine geringer werdende Vergütung an die Kapitaleigner aus. Hingegen wären im Falle einer Fremdfinanzierung Zinsen ohne Rücksicht auf die Ertragslage zu zahlen. Dennoch ist zu berücksichtigen, daß die Eigenfinanzierung vergleichsweise teuer ist, weil der auszuschüttende Gewinn versteuert werden muß.

193. Was sind die Vor- und die Nachteile der Fremdfinanzierung?

Die Fremdfinanzierung wird üblicherweise in kurzfristige mit einer Dauer bis zu 6 Monaten, einer mittelfristigen mit einer Dauer von bis vier Jahren und einer langfristigen mit einer Dauer von mehr als vier Jahren eingeteilt, wobei das kurzfristige Fremdkapital im Umlaufvermögen als Umsatzkredit verwandt wird und das langfristige Fremdvermögen im Anlagevermögen niedergelegt werden soll, d.h. zur Finanzierung von Investitionen dient.

Die Aufnahme von Fremdkapital ist dann von Vorteil, wenn die Liquidität durch den Zinsen- und Tilgungsdienst nicht zu stark belastet ist und die Gläubiger keinen Einfluß auf die Geschäftspolitik ausüben, weil die zu zahlenden Zinsen steuerlich abzugsfähige Betriebsausgaben sind. Andererseits muß ein Unternehmen bis zu einem gewissen Teil aus Eigenmitteln finanziert sein, weil sonst die Aufnahme von Fremdkapital scheitert. Ein Nachteil in der Fremdfinanzierung liegt darin begründet, daß die Zinsen auch in Verlustjahren bezahlt werden müssen und die Gläubiger bei Zahlungsschwierigkeiten die Unternehmung in den Konkurs treiben können. Die Aufnahme von Fremdkapital ist von der Größe und der Rechtsform des Unternehmens, von den zu stellenden Sicherheiten der allgemeinen Konjunkturlage, dem Ansehen und der besonderen wirtschaftlichen Situation des kreditsuchenden Unternehmens abhängig.

194. Wie können Großunternehmen langfristiges Fremdkapital aufnehmen?

Großunternehmen können die langfristige Fremdfinanzierung auf dem Wege der Ausgabe von Schuldverschreibungen bzw. Obligationen vornehmen.

195. Was versteht man unter Schuldverschreibung?

Schuldverschreibungen sind Wertpapiere, in denen verzinsliche Forderungsrechte verbrieft sind. Es handelt sich dabei in der Regel um sog. Teilschuldverschreibungen, die den Gesamtbetrag der Anleihe in kleine Beträge (Stükke) in Höhe von DM 100,–, 200,–, 500,–, 1.000,– und 5.000,– unterteilen. Die Urkunden bestehen aus der eigentlichen Obligation, auch Mantel genannt und den Zinsscheinbogen mit den einzelnen Zinsscheinen. Schuldverschreibungen dürfen nach §§ 795 und 808 a BGB nur mit Genehmigung des Wirtschaftsministeriums ausgegeben werden. Ihre Marktgängigkeit ist davon abhängig, ob sie zum Handel an der Börse zugelassen sind. Die Zulassung zur Börse ist von der Kapitalhöhe abhängig. Die Laufzeit einer Obligation beträgt in der Regel 15 - 20 Jahre.

196. Wie werden Obligationen gesichert?

Obligationen werden in der Regel durch Belastung von Grundstücken des Unternehmens in Form der Eintragung einer Hypothek oder einer Grundschuld gesichert.

197. Was versteht man unter einer Gewinnobligation?

Die Gewinnobligation ist eine Schuldverschreibung, bei der außer einem festen Zins zusätzlich noch eine bestimmte, nach oben oder unten begrenzte Gewinnbeteiligung gewährt wird. Sie bedarf ministerieller Genehmigung.

198. Was versteht man unter einer Wandelschuldverschreibung?

Eine Schuldverschreibung von Aktiengesellschaften, die das Recht auf Umtausch der Obligation in Aktien einräumt. Nach Ablauf einer bestimmten Zeit kann der Inhaber der Obligation von seinem Umtauschrecht Gebrauch machen und wird dadurch zum Aktionär. In diesem Falle muß eine sog. bedingte Kapitalerhöhung vorgenommen werden.

199. Was versteht man unter einer Optionsanleihe?

Bei einer Optionsanleihe beinhaltet die Schuldverschreibung ein Bezugsrecht auf Aktien. Innerhalb einer bestimmten Frist hat der Gläubiger die Möglichkeit, sein Bezugsrecht zu einem bestimmten Kurs auszuüben.

200. Was versteht man unter Finanzierung mit Schuldscheindarlehen?

Unter Schuldscheindarlehen versteht man Kredite, die in erster Linie von privaten Versicherungsunternehmen, von Trägern der Sozialversicherung und anderen Kapitalsammelstellen, die nicht Kreditinstitute sind, an private Unternehmen, aber auch an Körperschaften des öffentlichen Rechts vergeben werden.

201. Wie werden Schuldscheindarlehen übertragen?

Die rechtliche Übertragung der Forderungen aus einem Schuldschein geschieht durch privatrechtliche Abtretung.

202. Welche Möglichkeiten einer langfristigen Fremdfinanzierung bestehen für Klein- und Mittelbetriebe?

Klein- und Mittelbetriebe haben bei der Beschaffung von langfristigem Fremdkapital deshalb Schwierigkeiten, weil ihnen der Kapitalmarkt verschlossen ist, d.h. sie können weder Aktien ausgeben, noch Obligationen begeben oder Schuldscheindarlehen aufnehmen. Sie sind deshalb auf die Hypothekarkredite der Realkreditinstitute angewiesen.

203. Welche Möglichkeiten der kurzfristigen Fremdfinanzierung bestehen?

Lieferantenkredite, Kundenkredite, kurzfristige Bankkredite, wie Kontokorrentkredit, Diskontkredit, Akzeptkredit, Lombardkredit und Avalkredit.

204. Was versteht man unter einem Lieferantenkredit?

Bei einem Lieferantenkredit räumt der Lieferant seinem Abnehmer ein bestimmtes Zahlungsziel ein. Ein Lieferantenkredit ist jedoch in vielen Fällen sehr teuer, weil man auf den für Barzahlung eingeräumten Skonto verzichten muß. Deshalb sind Bankkredite oftmals billiger.

205. Was versteht man unter einem Kundenkredit?

Unter einem Kundenkredit versteht man eine Anzahlung auf die zu liefern-
den Waren, die in der Regel sofort nach Vertragsabschluß zu zahlen ist.

206. Was versteht man unter einem Kontokorrentkredit?

Unter einem Kontokorrentkredit versteht man einen kurzfristigen Buchkre-
dit von drei bis sechs Monaten, der während der Laufzeit in wechselnder
Höhe in Anspruch genommen werden kann (Überziehung des Bankkontos).

207. Was versteht man unter einem Diskontkredit?

Unter einem Diskontkredit versteht man einen kurzfristigen Wechselkredit,
bei dem die kreditgebende Bank Wechsel vor ihrer Fälligkeit ankauft und
dem Kreditnehmer den Wechselbetrag unter Abzug von Wechselzinsen
(Diskont) gutschreibt.

208. Was versteht man unter einem Akzeptkredit?

Unter einem Akzeptkredit versteht man einen kurzfristigen Wechselkredit,
bei dem eine Bank einen von ihrem Kunden auf sie gezogenen Wechsel unter
der Bedingung akzeptiert, daß der Kunde die Wechselsumme vor Fälligkeit
des Wechsels bereitstellt.

209. Was versteht man unter einem Lombardkredit?

Unter einem Lombardkredit versteht man einen kurzfristigen Bankkredit
gegen Verpfändung verwertbarer Gegenstände oder Wertpapieren.

210. Was versteht man unter einem Avalkredit?

Bei einem Avalkredit übernimmt das Kreditinstitut eine Bürgschaft oder
Garantie zugunsten des Kunden.

211. Was versteht man unter Selbstfinanzierung?

Unter Selbstfinanzierung versteht man die Finanzierung aus einbehaltenem
Gewinn. Diese Form setzt voraus, daß zunächst einmal Gewinn erwirtschaftet worden ist. Bei Kapitalgesellschaften erfolgt die Selbstfinanzierung durch
die Bildung von Rücklagen, wobei zwischen offenen, stillen und versteckten
Rücklagen unterschieden werden muß.

212. Was versteht man unter Finanzierung aus Abschreibungserlösen?

Bei der Finanzierung aus Abschreibungen werden die über den Verkauf der
Waren hereinkommenden Abschreibungserlöse, die für die Ersatzbeschaf-

fung vorgesehen sind, aufgespart. Sie werden erst später zu effektiven Ausgaben, da zum Zeitpunkt des Eingangs der Abschreibungserlöse die Anlagen noch nicht erneuert werden müssen.

213. Welche Finanzierungsregeln sollten beachtet werden?

Für die Finanzierung eines Unternehmens gelten einige Regeln, die immer beachtet werden sollten:
Der Finanzbedarf ist durch diejenige Finanzierungsart zu decken, die den geringstmöglichen Aufwand verursacht.
Kurzfristige Mittel sollten nur für kurzfristige Verbindlichkeiten und langfristiges Fremdkapital nur für langfristige Verbindlichkeiten verwandt werden.
Langfristiges Fremdkapital soll nicht langfristiger als bis zu seinem Rückzahlungstermin investiert werden.
Das Anlagevermögen soll durch Eigenkapital bzw. durch langfristiges Fremdkapital und das Umlaufvermögen durch kurzfristiges Fremdkapital gedeckt sein (sog. goldene Bankregel).

214. Welche Möglichkeiten einer Kreditsicherung bestehen?

Bürgschaft, Verpfändung von Wertpapieren, Waren und sonstigen Vermögenswerten, Sicherungsübereignung von beweglichen Sachen, Abtretung von Forderungen und Rechten, Grundschuld und Hypothek.

215. Was versteht man unter einer Bürgschaft?

Die Bürgschaft ist ein einseitig verpflichtender Vertrag, durch den sich der Bürge dem Gläubiger eines Dritten gegenüber verpflichtet, für die Erfüllung der Verbindlichkeiten des Dritten einzustehen. Der Zweck der Bürgschaft ist mithin die Sicherung des Gläubigers bei Zahlungsunfähigkeit des Schuldners. Der Umfang der Haftung des Bürgen bestimmt sich nach der jeweiligen Höhe des Kredits, für den sich der Bürge verbürgt hat. Wird die Forderung des Gläubigers gegen den Hauptschuldner durch den Bürgen befriedigt, so geht sie kraft Gesetzes auf den Bürgen über.

216. Was versteht man unter dem Pfandrecht?

Das Pfandrecht ist ein dingliches, zur Sicherung einer Forderung dienendes, gegen jedermann wirkendes Recht an fremden beweglichen Sachen oder Rechten, kraft dessen der Gläubiger berechtigt ist, sich aus dem belasteten Gegenstand zu befriedigen.

217. Was versteht man unter der Sicherungsübereignung?

Die Sicherungsübereignung ist das durch die Übereignung einer beweglichen

Sache seitens des Sicherungsgebers an den Sicherungsnehmer begründete und zur Sicherung einer Forderung bestimmte Eigentum an einer Sache, die der Erwerber zu verwerten berechtigt ist, um aus dem Erlös die gesicherte Forderung tilgen zu können.

218. Was versteht man unter der Abtretung von Forderungen und Rechten?

Die Abtretung von Forderungen und Rechten an die kreditgebende Bank ist eine weitverbreitete Form der Sicherung von Krediten. In der an keine Formvorschriften gebundenen Abtretungserklärung des Kreditnehmers tritt der bisherige Gläubiger (Zedent) dem neuen Gläubiger (Zessionar) seine Forderung gegenüber einem Dritten zum Zwecke der Sicherung des Kredits ab.

219. Was ist eine Hypothek?

Die Hypothek ist eine Grundstücksbelastung des Inhalts, daß an denjenigen, zu dessen Gunsten die Belastung erfolgt (Hypothekengläubiger), eine bestimmte Geldsumme zur Befriedigung wegen einer ihm zustehenden Forderung aus dem Grundstück zu zahlen ist (§§ 1113 ff. BGB). Wie das Pfandrecht an einer beweglichen Sache, setzt die Hypothek das Bestehen einer persönlichen Forderung voraus. Eine Hypothek besteht nur während der Dauer und nur in der Höhe der Forderung. Die Forderung kann nicht ohne die Hypothek, die Hypothek nicht ohne die Forderung übertragen werden.

220. Wie entsteht eine Hypothek?

Zur Entstehung einer Hypothek ist die Einigung zwischen dem Hypothekengläubiger und dem Grundstückseigentümer und die Eintragung der Hypothek in das Grundbuch erforderlich.

221. Was ist eine Grundschuld?

Die Grundschuld ist eine von ihrem Rechtsgrund losgelöste (abstrakte) Grundstücksbelastung des Inhalts, daß an denjenigen, zu dessen Gunsten die Belastung erfolgt (Grundschuldgläubiger) eine bestimmte Geldsumme aus dem Grundstück zu zahlen ist (§§ 1191 ff. BGB). Im Gegensatz zur Hypothek ist die Entstehung und das Erlöschen einer Grundschuld von dem Bestehen einer gesicherten Forderung unabhängig.

IV. Steuern im Betrieb

222. Was versteht man unter Factoring?

Unter Factoring versteht man den Ankauf von Forderungen aus Warenlieferungen und/oder Leistungen eines Unternehmens durch ein Finanzierungsinstitut (Factor). Beteiligte sind der Verkäufer der Forderungen, der Käufer und der Kunde des Verkäufers (Drittschuldner). Vertragsgegenstand ist in der Regel der jeweilige Bestand an Debitoren beim Klienten. Bei den Finanzierungsleistungen erhält der Klient den Gegenwert der verkauften Forderungen vom Factor vor Fälligkeit der Forderungen unter Abzug eines bestimmten Betrages.

223. Auf welchen Rechtsgrundlagen basiert das Steuerrecht?

Rechtsgrundlagen des Steuerrechts sind a) Gesetze, b) Rechtsverordnungen und c) Verwaltungsvorschriften oder Richtlinien, die den Ermessensspielraum der Verwaltungsbehörden regeln. Außerdem ergeben sich Hinweise aus der Rechtsprechung des Bundesfinanzhofes und der Finanzgerichte.

224. Was sind Steuern?

Steuern sind gem. § 3 AO Geldleistungen, die nicht eine Gegenleistung für eine besondere Leistung darstellen und von einem öffentlich-rechtlichen Gemeinwesen – Bund, Ländern und Gemeinden – zur Erzielung von Einkünften allen auferlegt werden, bei denen der Tatbestand zutrifft, an den das Gesetz die Leistungspflicht knüpft.

225. Wer ist Steuerpflichtiger?

Wer eine Steuer schuldet, für eine Steuer haftet, eine Steuer für Rechnung eines Dritten einzubehalten und abzuführen hat, wer eine Steuererklärung abzugeben hat, Sicherheit zu leisten, Bücher und Aufzeichnungen zu führen oder andere ihm durch die Steuergesetze auferlegte Verpflichtungen zu erfüllen hat (§ 33 Abs. 1 AO).

226. Was ist der Steuergegenstand?

Gegenstand der Besteuerung oder das Steuerobjekt ist der Tatbestand, dessen Vorhandensein den Anlaß zur Steuererhebung bildet.

227. Was ist die Steuerbemessungsgrundlage?

Die Steuerbemessungsgrundlage ist der in Geld, Gewichts- oder sonstigen Maßeinheiten ausgedrückte Sachverhalt, nach dem der Steuerbetrag errechnet wird.

228. Was versteht man unter der Steuerüberwälzung?

Steuerüberwälzung bedeutet, daß ein Steuerzahler die ihm auferlegte Steuer nicht tatsächlich trägt, sondern über den Preis auf einen anderen Teilnehmer am Wirtschaftsleben überrückwälzt.

229. Was ist der Steuersatz?

Unter dem Steuersatz versteht man den in der Regel in Prozenten ausgedrückte Anteil der Steuerbemessungsgrundlage, der als Steuer abgeführt wird.

230. Wie ist die Finanzverwaltung aufgebaut?

Der Aufbau der Finanzverwaltung ist im Finanzverwaltungsgesetz (FVG) niedergelegt. Danach gliedert sich die Finanzverwaltung in örtliche Behörden, Mittelbehörde und oberste Leitung. Zu den örtlichen Behörden zählen als Landesbehörde die Finanzämter und als Bundesbehörde die Hauptzollämter. Die Finanzämter sind für die Verwaltung der den Ländern zustehenden Steuern und die ihnen sonst übertragenen Aufgaben zuständig. Die Hauptzollämter verwalten die Zölle und die Verbrauchsteuern. Als Mittelbehörden sind die Oberfinanzdirektionen gleichzeitig Bundesbehörde und Landesbehörde, je nachdem, ob es sich um Bundes- oder um Landessteuern handelt. Die Oberfinanzdirektion überwacht die Gleichmäßigkeit der Gesetzesanwendung und beaufsichtigt die Geschäftsführung der nachgeordneten Dienststellen. Die oberste Leitung der Bundesfinanzbehörde liegt in der Hand des Bundesministers der Finanzen, die oberste Leitung der Landesfinanzbehörden obliegt dem jeweiligen Landesfinanzminister.

231. Wie werden die Steuern eingeteilt?

Die Steuern können nach den verschiedensten Gesichtspunkten unterteilt werden. Am gebräuchlichsten sind die Unterscheidungen in direkte und indirekte Steuern sowie in Personen- und Realsteuern, ferner in ordentliche und außerordentliche Steuern, in Besitz-, Verkehr-, Verbrauchsteuer und Zölle oder in Bundes-, Landes- und Gemeindesteuern.

232. Was versteht man unter direkten und indirekten Steuern?

Direkte Steuern sind solche, bei denen Steuerzahler und Steuerträger identisch sind, indirekte solche, bei denen der Gesetzgeber eine Überwälzung beabsichtigt, z.B. vom Produzenten oder Händler, der sie an den Fiskus abführt, durch Preisaufschläge auf den Verbraucher, der sie tatsächlich trägt.

233. Was versteht man unter Personen- bzw. Realsteuern?

Personensteuern knüpfen an die individuelle Leistungsfähigkeit einer Person an und berücksichtigen die individuellen Verhältnisse, wie Familienstand, Kinderzahl, Alter, Krankheit, Höhe des Gesamteinkommens usw. Die Realsteuern bemessen die Steuerlast nur nach bestimmten äußeren Merkmalen des Steuerobjekts, z.B. der Größe des Grundstücks.

234. Was sind Besitzsteuern?

Besitzsteuern sind Steuern auf Vermögen und Vermögenzuwachs. Dazu gehören die Erbschaftsteuer, Einkommensteuer und Ertragsteuern wie die Grund- und die Gewerbesteuer.

235. Was sind Verkehrsteuern?

Verkehrsteuern knüpfen an bestimmte Vorgänge des rechtlichen und wirtschaftlichen Verkehrs an. Dazu zählen die Umsatzsteuer, die Grunderwerbsteuer, Wechselsteuer, Kapitalverkehrsteuer, Lotterie- und Beförderungsteuer.

236. Was sind Verbrauchsteuern?

Verbrauchsteuern belasten den Verbrauch, wie z.B. die Steuern auf Nahrungs- und Genußmittel.

237. Was ist die Einkommensteuer?

Die Einkommensteuer ist die Steuer auf das Einkommen natürlicher Personen unter besonderer Berücksichtigung ihrer steuerlichen Leistungsfähigkeit. Ihr unterliegen alle natürlichen Personen, und zwar unbeschränkt, wenn sie ihren Wohnsitz im Inland haben. Besteuerungsgrundlage ist das während eines Kalenderjahres bezogene Einkommen aus im Einkommensteuergesetz genannten Einkunftsarten.

238. Welche Einkunftsarten kennt das Einkommensteuergesetz?

Das Einkommensteuergesetz unterscheidet: Einkünfte aus Land- und Forstwirtschaft, aus Gewerbebetrieb, aus selbständiger Arbeit, aus nichtselbständiger Arbeit, aus Kapitalvermögen, aus Vermietung und Verpachtung sowie sonstige Einkünfte.

239. Was sind Betriebsausgaben?

Betriebsausgaben sind die Aufwendungen, die durch den Betrieb veranlaßt sind. Sie mindern den Gewinn, kommen also nur bei den Gewinneinkunftsarten, d.h. bei den Einkünften aus Land- und Forstwirtschaft, Gewerbebetrieb und selbständiger Arbeit vor.

240. Was ist die Lohnsteuer?

Die Lohnsteuer ist eine besondere Erhebungsform der Einkommensteuer bei Einkünften aus nichtselbständiger Arbeit. Im Rahmen des Lohnsteuerabzugsverfahrens ist der Arbeitgeber verpflichtet, unter Anwendung der Lohnsteuertabelle die Lohnsteuer von den Bruttobezügen einzubehalten. Obwohl der Arbeitnehmer Steuerschuldner ist, haftet der Arbeitgeber für die Abführung der Lohnsteuer an das Finanzamt.

241. Was ist die Körperschaftsteuer?

Die Körperschaftsteuer ist die Einkommensteuer der juristischen Personen, d.h. der Kapitalgesellschaften, der Erwerbs- und Wirtschaftsgenossenschaften, Anstalten, Stiftungen, Betriebe der Körperschaften des öffentlichen Rechts, wie Gas-, Wasser- und Elektrizitätswerke. Steuergegenstand ist das nach dem Einkommensteuergesetz ermittelte Einkommen, soweit nicht durch das Körperschaftsteuergesetz besondere Regelungen getroffen sind.

242. Was ist die Vermögensteuer?

Die Vermögensteuer will im Gegensatz zu der Besteuerung des Einkommens das Reinvermögen, d.h., das Vermögen nach Abzug der Schulden und der Freibeträge, besteuern. Vermögensteuerpflichtig sind alle natürlichen und juristischen Personen, sofern bestimmte Vermögenswerte erreicht werden.

243. Was ist die Erbschaftsteuer?

Der Erbschaftsteuer unterliegen der unentgeltliche Vermögensübergang von Todes wegen oder unter Lebenden und die Zweckzuwendungen. Steuerpflichtig sind der Erbe, der Vermächtnisnehmer bzw. der Beschenkte. Die Höhe des Erbschaftsteuersatzes richtet sich nach dem Verwandtschaftsverhältnis, das der Erwerber zum Erblasser oder Schenker einnimmt und nach der jeweiligen Höhe des vermachten Vermögens.

244. Was ist die Grundsteuer?

Die Grundsteuer ist eine Real- und Gemeindesteuer, die auf den im Gemeindegebiet gelegenen Grundbesitz erhoben wird. Das Finanzamt bestimmt auf Grund von Einheitswerten den Steuermeßbetrag. Die Gemeinde setzt den Hebesatz (Hundertsatz) fest und erläßt den Grundsteuerbescheid.

245. Was ist die Gewerbesteuer?

Die Gewerbesteuer ist eine bundeseinheitlich geregelte Steuer der Gewerbebetriebe, die den Gemeinden zufließt und für die Gemeinden die wichtigste Einnahmequelle darstellt. Steuerpflichtig ist der Inhaber eines inländischen Gewerbebetriebes. Dabei wird unter Gewerbe die fortgesetzte, auf Gewinnerzielung gerichtete selbständige Tätigkeit verstanden, die sich als Beteiligung am allgemeinen wirtschaftlichen Verkehr darstellt. Man unterscheidet drei verschiedene Bemessungsgrundlagen: den Gewerbeertrag, das Gewerbekapital und die Lohnsumme. Als Gewerbeertrag gilt der einkommen- oder körperschaftsteuerliche Gewinn aus dem Gewerbebetrieb, vermehrt um bestimmte Hinzurechnungen und vermindert um bestimmte Kürzungen. Als Gewerbekapital gilt der Einheitswert des Gewerbebetriebes im Sinne des Bewertungsgesetzes mit bestimmten Hinzurechnungen und Kürzungen. Die Gewerbesteuer wird nach einem von den Gemeinden jährlich neu festzusetzenden Hebesatz auf der Grundlage des einheitlichen Steuermeßbetrages aus Gewerbeertrag und Gewerbekapital erhoben.

246. Was ist die Umsatzsteuer?

Die Umsatzsteuer ist eine Steuer auf den Umsatz von Gütern und Leistungen. Sie erfaßt jedoch nicht den gesamten Bruttoumsatz jeder Produktionsstufe, sondern immer nur den Bestandteil des Verkaufserlöses eines Produkts, der noch nicht auf der Vorstufe der Produktion besteuert worden ist, d.h., der Umsatzsteuer (Mehrwertsteuer) unterliegt nur die Wertschöpfung jeder Produktions- oder Dienstleistungsstufe der einzelnen Unternehmung. Der Unternehmer kann von seiner Steuer die sog. Vorsteuer abziehen. Auf diese Weise wird nur die Wertschöpfung auf der einzelnen Wirtschaftsstufe besteuert.

247. Was unterliegt der Umsatzsteuer im einzelnen?

Der Umsatzsteuer unterliegen Lieferungen und sonstige Leistungen, die ein Unternehmen im Inland gegen Entgelt im Rahmen seines Unternehmens ausführt, ferner der Eigenverbrauch und die Einfuhr von Gegenständen in das Zollgebiet. Die Einfuhrumsatzsteuer ist als Vorsteuer absetzbar.

248. Wie wird die Umsatzsteuer berechnet?

Bei der Errechnung der Umsatzsteuer geht man von der Summe der Umsätze aus, die um die steuerfreien Umsätze vermindert werden. Maßgebend ist die Ausführung der Leistung und nicht etwa der Zeitpunkt der Rechnungserstellung oder des Zahlungseingangs, d.h., es gilt die sog. Sollbesteuerung. Auf den so ermittelten Betrag werden die Steuersätze angewandt, die dann die Traglast ergeben. Nach Abzug der anrechenbaren Vorsteuern des gleichen Zeitraumes ergibt sich die zu zahlende Steuer (Zahllast).

249. Welche Vorschriften bestehen im Hinblick auf die Bewertung?

Alle Wirtschaftsgüter, die in den Bilanzen ausgewiesen sind, müssen bewertet werden. Dabei wird zwischen Gütern des Anlagevermögens und des Umlaufvermögens unterschieden. Alle Wirtschaftsgüter gehen in die Buchführung zunächst mit den Anschaffungs- oder Herstellungskosten ein. Soweit Wirtschaftsgüter der Abnutzung unterliegen, sind sie mit dem um die Absetzungen für Abnutzung gekürzten Anschaffungs- oder Herstellungskosten anzusetzen. Sinkt der Wert eines Wirtschaftsgutes infolge besonderer Umstände, so kann er mit dem niedrigeren Teilwert (Mindestgrenze), regelmäßig den Wiederbeschaffungskosten, in die Bilanz eingesetzt werden.

250. Was ist die Abgabenordnung?

Die Abgabenordnung (AO) ist das Verwaltungsverfahrensgesetz. In der Abgabenordnung vom 16.3.1976, die die 45 Jahre alte Reichsabgabenordnung abgelöst hat, sind u.a. geregelt: Die steuerlichen Begriffsbestimmungen, die Zuständigkeit der Finanzbehörden, das sog. Steuerschuldrecht (Steuerpflichtiger, Steuerschuldverhältnis, steuerbegünstigte Zwecke, Haftung), allgemeine Verfahrensvorschriften, die Durchführung der Besteuerung, das Erhebungsverfahren, die Vollstreckung, das außergerichtliche Rechtsbehelfsverfahren, sowie Straf- und Bußgeldverfahren.

251. Welches Finanzamt ist zuständig?

Nach den §§ 16 ff. AO ist das Finanzamt zuständig, in dessen Bezirk sich die Geschäftsleitung, oder sofern eine solche im Geltungsbereich dieses Gesetzes nicht vorhanden ist, sich eine Betriebstätte, oder bei mehreren Betriebstätten, die wirtschaftliche bedeutendste befindet.

252. Was ist der Anwendungsbereich der AO?

Die Abgabenordnung gilt für alle Steuern, einschließlich der Steuervergütung, die durch Bundesrecht oder Recht der Europäischen Gemeinschaften geregelt sind, soweit sie durch Bundesfinanzbehörden oder durch Landesfinanzbehörden verwaltet werden (§ 1 Abs. 1 AO).

253. Was versteht die AO unter einem Steuerschuldverhältnis?

Ansprüche aus dem Steuerschuldverhältnis sind der Steueranspruch, der Steuervergütungsanspruch, der Haftungsanspruch, der Anspruch auf eine steuerliche Nebenleistung, der Erstattungsanspruch sowie die in Einzelsteuergesetzen geregelten Steuererstattungsansprüche (§ 37 AO).

254. Wann entstehen Ansprüche aus dem Steuerschuldverhältnis?

Ansprüche aus dem Steuerschuldverhältnis entstehen, sobald der Tatbestand verwirklicht ist, an den das Gesetz die Leistungspflicht knüpft (§ 38 AO).

255. Wie werden Steuern festgesetzt?

Steuern werden von der Finanzbehörde durch Steuerbescheid festgesetzt. Der Steuerbescheid ist ein Verwaltungsakt (§ 155 AO).

256. Wann werden Ansprüche aus einem Steuerschuldverhältnis fällig?

Die Fälligkeit von Ansprüchen aus dem Steuerschuldverhältnis richtet sich nach den Vorschriften der Steuergesetze. Fehlt es an einer besonderen gesetzlichen Regelung über die Fälligkeit, so wird der Anspruch mit seiner Entstehung fällig.

257. Was versteht die AO unter einer Außenprüfung?

Der Begriff Außenprüfung ersetzt den bisherigen Begriff Betriebsprüfung. Unter die Außenprüfungen fallen die Betriebsprüfungen, die Lohnsteueraußenprüfungen und die Umsatzaußenprüfungen. Eine Außenprüfung ist zulässig bei Steuerpflichtigen, die einen gewerblichen oder land- oder forstwirtschaftlichen Betrieb unterhalten oder die freiberuflich tätig sind (§ 193 AO).

258. Auf welche Sachverhalte erstreckt sich eine Außenprüfung?

Die Außenprüfung dient der Ermittlung der steuerlichen Verhältnisse des Steuerpflichtigen. Sie kann eine oder mehrere Steuerarten, einen oder mehrere Besteuerungszeiträume, umfassen oder sich auf bestimmte Sachverhalte beschränken (§ 194 AO).

259. Wie wird der Umfang der Außenprüfung festgelegt?

Der Umfang der Außenprüfung wird in einer schriftlich zu erteilenden Prüfungsanordnung von der Finanzbehörde festgelegt (§ 196 AO).

260. Welche Prüfungsgrundsätze gelten?

Der Prüfer hat die tatsächlichen und rechtlichen Verhältnisse, die für die Steuerpflicht und für die Bemessung der Steuer maßgebend sind, zugunsten wie zuungunsten des Steuerpflichtigen zu prüfen. Dabei ist der Steuerpflichtige über die Sachverhalte und die möglichen steuerlichen Auswirkungen während der Prüfung zu unterrichten (§ 199 AO).

261. Wonach richtet sich der Prüfungszeitraum?

Der Prüfungszeitraum bei einer Prüfung von Einzelhandelsbetrieben richtet sich nach folgenden Größenklassen: Großbetriebe: Umsatz über 6 Mio. DM oder Gewinn über 200.000,– DM, Mittelbetriebe: Umsatz über 700.00,– DM oder Gewinn über 35.000,– DM, Kleinbetriebe: Umsatz über 150.000,– DM oder Gewinn über 18.000,– DM.

262. Was ist eine verbindliche Zusage im Sinne der AO?

Gemäß § 204 AO kann die Finanzbehörde dem Steuerpflichtigen im Anschluß an eine Außenprüfung auf Antrag verbindlich zusagen, wie ein für die Vergangenheit geprüfter und im Prüfbericht dargestellter Sachverhalt in Zukunft steuerrechtlich behandelt wird, wenn die Kenntnis der künftigen steuerrechtlichen Behandlung für die geschäftlichen Maßnahmen des Steuerpflichtigen von Bedeutung sind.

D. Betriebliches Personalwesen

I. Personalpolitik

1.   Was versteht man unter Personalpolitik?

Unter der Personalpolitik wird die Summe der Prinzipien und Maßnahmen verstanden, die die gegenseitigen Beziehungen zwischen der Unternehmensleitung und der Belegschaft, zwischen den einzelnen Mitarbeitern sowie die Beziehungen des einzelnen zu seiner Arbeit bestimmen.

2.   Warum ist eine Personalpolitik erforderlich?

Die personellen Entscheidungen im Betrieb können nicht willkürlich getroffen werden. Vielmehr ist die Formulierung und Ausarbeitung einer systematischen Personalpolitik für das Unternehmen im Sinne der bestehenden Organisations- und Führungsprinzipien unerläßlich, um die technische, wirtschaftliche und menschliche Sphäre miteinander in Einklang bringen und die Ziele des Unternehmens optimal erreichen zu können.

3.   Was ist die Aufgabe der Personalpolitik?

Aufgabe der Personalpolitik ist es, ein sinnvolles und störungsfreies Zusammenwirken des Produktionsfaktors Arbeit mit den übrigen Produktionsfaktoren und den betrieblichen Teilbereichen sicherzustellen. Dabei handelt es sich im einzelnen um die Sicherung der Leistungsbereitschaft und -fähigkeit des Betriebes, soweit diese von der Belegschaft abhängig sind, um die Erhaltung und Steigerung der Arbeitsproduktivität und damit der Wirtschaftlichkeit des Betriebes. Hinzu kommen die sozialen Ziele, d.h., die Erwartungen, Bedürfnisse und Interessen der Mitarbeiter, die sie an die Unternehmungen stellen und die eine wesentliche Voraussetzung dafür sind, daß dem Betrieb leistungsfähige und -willige Mitarbeiter zur Verfügung stehen.

4.   Worauf erstreckt sich der Bereich der Personalpolitik?

Die Personalpolitik erstreckt sich auf alle Vorgänge, die sich auf die Planung, den Einsatz, die Überwachung, die Entlohnung und die Pflege der menschlichen Arbeitskraft im Betrieb beziehen.

5.   Wer sind die Träger der Personalpolitik?

Träger der Personalpolitik sind die Vertreter der Unternehmensleitung, soweit sie mit personalpolitischen Entscheidungen ausgestattet sind, wie z.B. der Personalleiter sowie die Vertreter der Mitarbeiter der Unternehmungen, d.h., die Betriebsräte und die Arbeitnehmervertreter im Aufsichtsrat.

6. Welche Aufgaben sind den Trägern der Personalpolitik gestellt?

Die wichtigsten Aufgaben sind:
Die Bereitstellung der notwendigen Arbeitskräfte,
die Planung des Personaleinsatzes,
die optimale Gestaltung der menschlichen Arbeitsleistungen,
die Gestaltung einer leistungsgerechten Entlohnung,
die Entwicklung einer betrieblichen Sozialpolitik,
die Sicherung des Arbeitsplatzes im Rahmen der Unfallschutzbestimmungen,
die planmäßige und systematische Ausbildung des Nachwuchses,
die formale Festlegung personalpolitischer Grundsätze,
die Regelung der Betriebsverfassung.

7. Welche Kompetenzen bestehen in der Personalpolitik?

Im Rahmen klar abgegrenzter Zuständigkeiten sind der Personalpolitik Entscheidungsbefugnisse und Weisungsrechte in folgenden Bereichen zugeordnet:
Einstellungen und Entlassungen von Mitarbeitern, Stellenbeschreibungen, Arbeitsplatzbewertung, Leistungsbewertung, Werbung neuer Mitarbeiter, Auswahl von Mitarbeitern, Durchführung von Eignungstests, Vornahme von Versetzungen, Vornahme von Beurteilungen, die Regelung der Aus-, Fort- und Weiterbildung, die Regelung der Aufstiegs- und Nachwuchsplanung.

8. Welche Entscheidungen sind im Rahmen der Personalpolitik zu treffen?

Entscheidungen
— über die Grundsätze der Einstellung, der Versetzung, der Beförderung und Entlassung von Mitarbeitern,
— über den Einsatz und die Auslastung der verschiedenen Mitarbeiter,
— über die Grundsätze und Anwendungsformen der Personalorganisation einschließlich der Führungsorganisation,
— über die Wahl geeigneter Lohnformen,
— über die Frage der Vollmachterteilung im Sinne des Handelsrechts (z.B. bei der Bestellung von Prokuristen),
— über den Führungsstil.

9. Warum ist eine schriftliche Festlegung der Grundsätze der betrieblichen Personalpolitik notwendig?

Eine schriftliche Festlegung von Grundsätzen der Personalpolitik ist erforderlich, um zu verhindern, daß durch Zweifel und Gerüchte Unruhe unter den Mitarbeitern entsteht.

10.   Wo liegen die Grenzen der Personalpolitik?

Grenzen der Entscheidungen der Personalpolitik liegen in staatlichen Gesetzen, Einflüssen des Marktes, der öffentlichen Meinung und des staatspo-
litischen Geschehens.

11.   Welche Bedeutung hat die Lohn- und Gehaltspolitik?

Die Lohn- und Gehaltspolitik ist ein wichtiger Bereich im Rahmen der
Personalpolitik; denn Löhne und Gehälter sind einmal aus der Sicht des
Arbeitgebers Kostenbestandteile und zum anderen aus der Sicht des Arbeitnehmers Grundlage zur Sicherung seiner Existenz und mithin ein wesent-
licher Faktor der Motivation.

12.   Wie sollten Lohn und Gehalt festgesetzt werden?

Lohn und Gehalt sollten grundsätzlich so festgelegt werden, daß sie ein
Höchstmaß an Gerechtigkeit enthalten und von den Mitarbeitern als gerecht
empfunden werden.

13.   Was sind Maßstäbe gerechter Lohn- und Gehaltspolitik?

Lohn und Gehalt sollten anforderungsgerecht und leistungsgerecht sein und
soziale Überlegungen mit berücksichtigen, d.h., das Lebensalter und den Familienstand.

14.   Was versteht man unter anforderungsgerechtem Lohn oder Gehalt?

Lohn oder Gehalt sollen der Art der Arbeit, d.h., den körperlichen, geisti-
gen und seelischen Anforderungen entsprechen, die die jeweilige Arbeit an
den Menschen stellt.

15.   Was versteht man unter leistungsgerechter Entlohnung?

Lohn und Gehalt sollen der Leistung des einzelnen, seiner Einsatzbereit-
schaft und Leistungskraft entsprechen.

16.   Wann ist ein Lohn oder ein Gehalt anforderungsgerecht?

Lohn und Gehalt sind dann anforderungsgerecht, wenn die Höhe des Lohnes oder des Gehaltes nach den Anforderungen, die Arbeitsplatz, Arbeits-
vorgang oder Arbeitsbedingungen stellen gestaffelt sind. Schwierigere Arbeiten müssen mithin höher als einfachere entlohnt werden.

17.   Welche Bedeutung hat eine leistungsgerechte Entlohnung?

Eine leistungsgerechte Entlohnung fördert das Leistungsbewußtsein der
Mitarbeiter.

18.   Wie sollen und können die Leistungen beurteilt werden?

Die Leistungen werden mit Hilfe objektiver Bewertungs- und Beurteilungsmethoden ermittelt. Den unterschiedlichen Anforderungen der verschiedenen Arbeitsplätze wird mit Hilfe der Arbeitswertung Rechnung getragen.

19.   Welchen Spielraum hat die betriebliche Lohn- und Gehaltspolitik?

Die Löhne und Gehälter sind im allgemeinen durch Tarifverträge festgelegt, so daß den Betrieben wenig Spielraum für eine individuelle Gestaltung der Löhne und Gehälter verbleibt.

20.   Was versteht man unter Personalführung?

Für den Erfolg der Personalpolitik ist es entscheidend, daß ihre Ziele auch in die Tat umgesetzt werden. Diese Aufgabe obliegt der Personalführung. Wesentliche Voraussetzung für die Personalführung ist eine Organisation des Betriebes, in der Verantwortungsbereiche und Anordnungsrechte genau festgelegt sind, so daß jeder weiß, wofür er zuständig ist und welche Kompetenzen er besitzt. Dabei ist mit dem Anordnungsrecht auch eine entsprechende Verantwortung verbunden. Sie bewirkt, daß ein Vorgesetzter alle Arbeiten der ihm Unterstellten so zu verantworten hat, als wären es seine persönlichen Fehler.

21.   Welche Bereiche können der Lohn- und Gehaltspolitik außerdem zugeordnet werden?

Zur betrieblichen Lohn- und Gehaltspolitik gehören nicht nur die Löhne und Gehälter, sondern auch die betrieblichen Erfolgsbeteiligungen sowie die Pläne für überbetriebliche Erfolgsbeteiligungen.

22.   Welche Formen der betrieblichen Erfolgsbeteiligung bestehen?

Die Arbeitnehmer können entweder am Ertrag oder am Gewinn des Unternehmens beteiligt werden.

II. Aufgaben der Personalabteilung

23.   Was ist die wichtigste Aufgabe der Personalabteilung?

Die wichtigste Aufgabe der Personalabteilung ist es, die bei ihr angeforderten Arbeitskräfte rechtzeitig bereitzustellen, d.h., anzuwerben, auszuwählen und an den Arbeitsplatz weiterzuleiten.

24.   Was ist bei der Beschaffung von Arbeitskräften zu beachten?

Es müssen Stellenangebote ausgeschrieben werden, die dem Bewerber exakt

Auskünfte über die von ihm erwarteten Anforderungen, die Aufgaben, Verantwortungen und Erwartungen geben. Außerdem müssen psychologische Eignungstests durchgeführt werden, die die persönliche Eignung des Bewerbers für einen bestimmten Beruf feststellen, und ferner die durch Gesetz, Tarifvertrag oder Betriebsvereinbarung bestehenden Einstellungsbedingungen beachtet werden. Dazu gehört z.B. das rechtzeitige Einschalten des Betriebsrates.

25. Auf welche Art können neue Mitarbeiter gewonnen werden?

Neue Mitarbeiter können aus dem Hause, d.h., durch Umbesetzungen im eigenen Unternehmen oder durch Anwerbung von außen gewonnen werden.

26. Welche Vorteile hat eine innerbetriebliche Ausschreibung?

Die Mobilität wird erhöht, die Arbeitnehmer werden durch Aufstiegsmöglichkeiten motiviert, Erfahrungen im eigenen Unternehmen lassen sich besser verwerten, eine schnellere Einarbeitung ist möglich, Anwerbungskosten lassen sich einsparen.

27. Welche Nachteile hat eine innerbetriebliche Ausschreibung?

Bei Bewerbern, die bei einer Ablehnung eine persönliche Blamage und eine negative Reaktion ihres Vorgesetzten sehen, treten psychologische Hemmnisse auf. Aber auch Vorgesetzte, die es ungern sehen, wenn sich Mitarbeiter um einen freien Platz in einer anderen Abteilung bewerben, sind psychologisch gehemmt. Schließlich besteht die Gefahr, daß angeblich unersetzbare Mitarbeiter am Fortkommen gehindert und weniger geeignete fortgelobt werden oder daß nur Bewerber mit den höchsten Dienst- oder Lebensjahren, nicht aber die Eignung entscheidet.

28. Wo können Bewerber außerhalb des eigenen Unternehmens gewonnen werden?

Bewerber können durch die Einschaltung der Arbeitsämter oder durch Stellenanzeigen in Zeitungen gewonnen werden.

29. Welche Anforderungen sollten in einer Personalanforderung enthalten sein?

Zunächst muß eine Beschreibung der Tätigkeit in allen wichtigen Einzelheiten mit Schwerpunktbildung vorgenommen werden. Die erforderlichen Kenntnisse und Fertigkeiten, Ausbildung, Berufserfahrung und die sonstigen persönlichen Eigenschaften müssen ersichtlich sein. Auch sollten die Entwicklungsmöglichkeiten und die Dotierung beschrieben sein.

30.   Wie kann ein Arbeitsverhältnis beendet werden?

Ein Arbeitsverhältnis kann durch Tod, Zeitablauf, Pensionierung, Kündigung des Arbeitnehmers oder Arbeitgebers und in bestimmten Fällen auf Antrag des Betriebsrates aufgelöst werden.

31.   Welche Wirkung hat eine Kündigung?

Durch eine Kündigung wird ein Arbeitsverhältnis von einem bestimmten Zeitpunkt an aufgehoben. Eine Kündigung ist als ordentliche Kündigung, d.h., unter Einhaltung der vertraglich vereinbarten Kündigungsfrist und als außerordentliche Kündigung bei Vorliegen eines wichtigen Grundes möglich.

32.   Was sollte die Personalabteilung im Falle einer Kündigung durch den Arbeitnehmer tun?

Die Personalabteilung sollte durch ein Gespräch feststellen, aus welchen Gründen der Mitarbeiter kündigt. Die Gründe können in der Bezahlung, in der Art der Arbeit, in der Stellung zu Vorgesetzten oder Mitarbeitern, d.h. im Betriebsklima liegen oder persönliche Ursachen, z.B. Ortswechsel haben. In jedem Fall sollte der Betrieb Wert darauf legen, die Ursachen der Fluktuation zu erkennen, um sie abstellen zu können.

33.   Welche Verpflichtungen hat der Betrieb beim Ausscheiden eines Mitarbeiters?

Der Mitarbeiter hat Anspruch auf ein Zeugnis sowie auf Aushändigung seiner Papiere (Lohnsteuerkarte, Versicherungskarten, persönliche Unterlagen wie Originalzeugnisse früherer Tätigkeiten, die er bei der Einstellung abgegeben hat), Auszahlung des restlichen Lohnes oder Gehalts und Abmeldung bei der Krankenkasse usw.

34.   Worauf beruht der Anspruch auf ein Zeugnis?

Der Anspruch auf ein Zeugnis ist gesetzlich geregelt, und zwar für gewerbliche Arbeitnehmer im § 113 der Gewerbeordnung, für kaufmännische Angestellte im § 73 HGB und für sonstige Arbeitnehmer im § 630 BGB.

35.   Welche Bedeutung hat ein Zeugnis?

Ein Zeugnis spielt insbesondere bei der Bewerberauslese für zu besetzende Positionen eine wichtige Rolle. Ein Zeugnis sollte daher Auskunft über Art und Dauer der Tätigkeit, über die Leistung und die Verhaltensweisen Aufschluß geben.

36.   Welche Arten von Zeugnissen unterscheidet man?

Man unterscheidet das einfache und das qualifizierte Zeugnis.

37.   Welche Aufgaben sind in einem einfachen Zeugnis enthalten?

Ein einfaches Zeugnis erstreckt sich nur auf Personalangaben sowie die Art und die Dauer der Tätigkeit (Arbeitsbescheinigung), hingegen nicht auf Leistungen und Verhalten.

38.   Welche Angaben enthält ein qualifiziertes Zeugnis?

In einem qualifizierten Zeugnis sind neben den Personalangaben und der Art und der Dauer der Tätigkeit noch ausführliche Angaben über Leistungen und das gezeigte Verhalten enthalten, die dem neuen Arbeitgeber die Entscheidung darüber erleichtern sollen, ob der Bewerber für die anvisierte Tätigkeit geeignet ist.

39.   Wer entscheidet darüber, welche Zeugnisart erteilt wird?

Die Wahl fällt der Arbeitnehmer.

40.   Was ist bei der Entscheidung zu berücksichtigen?

Ein Zeugnis muß auf der einen Seite wahr sein, andererseits die Interessen des nächsten Arbeitgebers berücksichtigen und schließlich Angaben über Führung und Leistung enthalten.

41.   Wann können Komplikationen bei der Zeugniserteilung auftreten?

Solche Komplikationen können auftreten, wenn der Arbeitnehmer zwar fleißig und intelligent, aber unehrlich ist (z.B. der Kassierer einer Bank hat Unterschlagungen gemacht) oder fleißig, doch unzuverlässig ist (der Arbeitnehmer beachtet Termine nicht, der Berufsfahrer trinkt während der Fahrten Alkohol).

42.   Was bedeutet der Grundsatz der Zeugniswahrheit?

Ein wahres Zeugnis muß sowohl berechtigte günstige als auch berechtigte ungünstige Angaben enthalten. Z.B. darf dem untreuen Kassierer keine Ehrlichkeit bescheinigt werden und dem unzuverlässigen Terminsachbearbeiter nicht die Einhaltung aller Termine.

43.   Warum werden gelegentlich Angaben im Zeugnis in codierter Form vorgenommen?

Der Bundesgerichtshof hat in einem Grundsatzurteil vom 26.11.1963 entschieden, daß ein Zeugnis einerseits objektive Angaben enthalten soll, daß andererseits die Angaben „vom verständigen Wohlwollen für den Arbeitnehmer getragen sein und ihm sein weiteres Fortkommen nicht erschweren sollen".

44.   Wir werden codierte Aussagen getroffen?

Codierte Aussagen erwecken den Anschein günstiger Angaben, lassen jedoch dem Eingeweihten unschwer erkennen, daß der Beurteilte den gestellten Anforderungen nicht entsprochen hat oder Mängel im Verhalten vorliegen.

45.   Was sollte der Betrieb beachten, wenn der Mitarbeiter ein Zwischenzeugnis wünscht?

Der Personalchef sollte die Gründe für den Wunsch nach einem Zwischenzeugnis feststellen, um einer beabsichtigten Fluktuation vorbeugen zu können und zum anderen bedenken, daß ein Zwischenzeugnis inhaltlich dem späteren Zeugnis entsprechen muß. Ein schlechteres Zeugnis beim Ausscheiden als das Zwischenzeugnis muß exakt begründet werden.

46.   Nach welchen Kriterien werden Bewerber um freie Positionen beurteilt?

Es werden die Unterlagen formal und inhaltlich geprüft und analysiert.

47.   Was bedeutet die formale Prüfung eingereichter Unterlagen?

Unter der formalen Prüfung eingereichter Unterlagen versteht man eine Sichtung im Hinblick auf die formale Gestaltung, d.h. auf die äußere Form und die positionsbezogene Gliederung, die Prüfung auf Vollständigkeit der Unterlagen, wobei es darauf ankommt, festzustellen, ob alle angeforderten Unterlagen eingereicht worden sind, ob alle Zeiten lückenlos und mit Zeugnissen versehen sind.

48.   Was bedeutet die inhaltliche Prüfung eingereichter Unterlagen?

Die Unterlagen können nach dem Informationsgehalt, d.h., den Hinweisen zur Qualifikation, über ausgeübte Tätigkeiten, des Gehaltswunsches, des gekündigten oder ungekündigten Beschäftigungsverhältnisses, des bezogenen Einkommens, des Eintrittsdatums, vom Arbeitgeber überprüft werden, um festzustellen, ob der Bewerber die geforderten Voraussetzungen erfüllen könnte und mithin zu einer Vorstellung eingeladen werden soll. Bei einer Vielzahl von Bewerbungen ist eine solche Vorauswahl unerläßlich.

49.   Wie erfolgt eine Analyse der eingereichten Unterlagen?

Die Unterlagen werden auf den Briefstil des Bewerbers hin untersucht und ferner im Rahmen einer Zeitfolgeanalyse die Häufigkeit des Wechsels, das Alter des Bewerbers, die Branchen, in denen der Bewerber tätig war, ob es sich um einen aufsteigenden oder um einen absteigenden Wechsel handelt, der Berufs- oder Arbeitsgebietswechsel. Schließlich kann im Rahmen einer Kontinuitätsanalyse der sinnvolle Aufbau der bisherigen beruflichen Entwicklung des Bewerbers analysiert werden. Besondere Bedeutung kann auch den Aussagen in den Zeugnissen beigemessen werden.

50.   Welche Ziele werden im Rahmen eines Vorstellungsgespräches verfolgt?

Im Rahmen eines Vorstellungsgespräches will sich der Betrieb einen persönlichen Eindruck über den Bewerber verschaffen und die schriftlichen mit den mündlichen Aussagen vergleichen. Dabei kann gleichzeitig ein Eindruck gewonnen werden, ob der Bewerber fähig ist, sich in den Betrieb bzw. in die Abteilung integrieren zu lassen und welche Erwartungen der Bewerber hat und in wieweit sich diese im Unternehmen verwirklichen lassen.

51.   Wie sollte ein Vorstellungsgespräch geführt werden?

Ein Vorstellungsgespräch sollte von der persönlichen Sphäre des Bewerbers ausgehen, d.h. sein Herkommen, seine bisherige schulische und berufliche Ausbildung und die bisherige berufliche Tätigkeit umfassen, um die Situationsbefangenheit zu nehmen. Anschließend sollte eine Information des Betriebes über das Unternehmen, die freie Position, die gestellten Aufgaben und die Anforderungen erfolgen. Im folgenden Verlauf können die eigentlichen Vertragsverhandlungen geführt werden, die dann in einen Vertragsentwurf einmünden.

52.   Welche Fehler sollten bei der Vorstellung vermieden werden?

Es sollte vermieden werden, falsche Hoffnungen und Erwartungen zu wecken und etwas in Aussicht zu stellen, was nicht erfüllt werden kann. Der Bewerber soll sich ein Urteil über die Möglichkeiten, die Probleme und die evtl. Nachteile machen können. Ein Bewerber, der unter falschen Voraussetzungen angeworben wurde, wird schwerlich ein zufriedener Mitarbeiter werden, sondern vermutlich nur zur Verschlechterung des Betriebsklimas beitragen, alsbald wieder kündigen, so daß dem Betrieb die Einarbeitungskosten obliegen und die Kontinuität im Betriebsfluß beeinträchtigt wird.

53.   Welche Lohnformen werden unterschieden?

Man unterscheidet den Zeitlohn und den Leistungslohn.

54. Was versteht man unter dem Zeitlohn?

Beim Zeitlohn dient die Dauer der Arbeitszeit als Berechnungsgrundlage. Der Lohn wird pro Stunde, pro Woche oder pro Monat berechnet. Es besteht keine direkte Abhängigkeit von der Arbeitsmenge.

55. Wann wird nach dem Zeitlohn bezahlt?

Der Zeitlohn ist dort angebracht, wo die Qualität der Arbeit oder die Gefahr von Beschädigungen oder eine erhöhte Unfallgefahr im Vordergrund stehen. Er kommt ebenfalls in Frage, wenn der Zeitbedarf nicht vorhersehbar ist. Dies trifft z.B. bei Reparaturarbeiten zu. Der Zeitlohn ist im übrigen bei Lagerarbeitern oder Pförtnern üblich.

56. Was sind die Vor- und die Nachteile des Zeitlohnes?

Die Vorteile des Zeitlohnes liegen in der einfachen und wirtschaftlichen Berechnung ohne Vorgabezeitermittlung. Die Nachteile liegen in der Tendenz zur Leistungsnivellierung. Dies trifft insbesondere dann zu, wenn in der gleichen Abteilung unterschiedlich bezahlt wird, d.h., die produktiv Tätigen Leistungslohn erhalten und die Reparaturarbeiten einen niedrigeren Zeitlohn.

57. Wie können die Nachteile des Zeitlohnes ausgeglichen werden?

Um einen Leistungsanreiz zu geben, erhalten die im Zeitlohn beschäftigten Mitarbeiter neben dem Zeitlohn eine Zulage gewährt, die sich nach den in der Vergangenheit erbrachten Leistungen bemißt.

58. Was versteht man unter Leistungslohn?

Beim Leistungslohn hängt die Höhe des Entgeltes unmittelbar von der Arbeitsleistung bzw. dem Arbeitsergebnis ab.

59. Welche Formen des Leistungslohnes werden unterschieden?

Man unterscheidet den Akkordlohn und den Prämienlohn.

60. Was versteht man unter dem Akkordlohn?

Beim Akkordlohn wird entweder eine feste Zeit je Produktionseinheit (Zeitakkord) oder ein fester Geldwert je Produktionseinheit zugrunde gelegt (Geldakkord). Die Zeit, die tatsächlich für die Leistung benötigt wird, spielt bei der Lohnerrechnung keine Rolle. Der Akkordlohn kann aber auch in der Form des garantierten Mindestlohnes angewandt werden. Bei Unterschreiten einer bestimmten Leistungsgrenze wird der Mindestlohn gezahlt, so daß sich ein weiteres Absinken der Leistung nicht mehr finanziell für den Arbeiter auswirkt.

61. Wann ist ein Akkordlohn anwendbar?

Der Akkordlohn setzt voraus, daß der Lohn exakt nach der Leistung des Arbeiters berechnet werden kann.

62. Wie kann der Akkordlohn außerdem gestaltet werden?

Der Akkordlohn kann ein Einzelakkord oder ein Gruppenakkord sein.

63. Was sind die Vorteile des Einzelakkords?

Beim Einzelakkord kann sich die Leistungsfähigkeit des einzelnen Arbeiters voll auswirken.

64. Was sind die Vor- und die Nachteile des Gruppenakkords?

Der Gruppenakkord kann das Zusammengehörigkeitsgefühl und die Teamarbeit einer Gruppe fördern. Nachteile des Gruppenakkords sind soziale Differenzierungen zwischen leistungsfähigen und weniger leistungsfähigen Gruppenmitgliedern.

65. Was versteht man unter Prämienentlohnung?

Bei der Prämienentlohnung, der nicht unter dem Tariflohn liegen darf, wird zu einem vereinbarten Grundlohn noch eine Prämie als Zulage gewährt, die von quantitativen oder qualitativen Mehrleistungen abhängig gemacht wird. Qualitative Arbeitsleistungen können z.B. in der Güte oder Genauigkeit der Arbeitsergebnisse begründet sein. Quantitative Prämienlöhne werden auf die Arbeitszeit bezogen, d.h. auf die Stückzahl oder die aufgewendete Zeit.

66. Welche Entlohnungsformen sind im Handel üblich?

Im Handel sind der Zeitlohn in der Regel im Verkaufsbereich und die Prämienentlohnung üblich. Soweit im Zeitlohn gezahlt wird, sind jedoch vielfach übertarifliche Löhne und Gehälter üblich.

67. Wann ist die Prämienentlohnung im Handel möglich?

Die Prämienentlohnung für Verkaufskräfte ist dann möglich, wenn die Verkäuferleistung exakt gemessen werden kann. Der Verkäufer muß in der Lage sein, über eine Mehrleistung die Höhe der gewährten Prämie direkt zu beeinflussen.

68. Wie kann eine Verkäuferleistung ausgedrückt werden?

Eine Verkäuferleistung drückt sich im erzielten Umsatz und der Zahl der bedienten Kunden in einer bestimmten Zeiteinheit aus.

69. Welche Voraussetzungen sind erforderlich, um den Prämienlohn einführen zu können?

Einmal müssen die Leistungsvorbedingungen für alle Verkaufskräfte annähernd gleich sein. Ferner muß eine Soll-Leistung festgestellt sein, die von einer durchschnittlich veranlagten Verkaufskraft bei normaler Beanspruchung erwartet werden kann. Auch muß die Höhe des Leistungslohnes eine gerechte Belohnung für die Mehrleistung darstellen und schließlich muß die Berechnungsart für jede Verkaufskraft verständlich und leicht nachprüfbar sein. Darüber hinaus muß sich die Prämienhöhe an den betrieblichen Möglichkeiten orientieren.

70.   Was versteht man unter Individual- und was unter Gruppenprämien?

Bei Individualprämien wird die Mehrleistung einer jeden Verkaufskraft im Einzelfall berechnet, während bei Gruppenprämien die Prämie für einen größeren Kreis, z.B. für eine Abteilung, insgesamt berechnet und nach der Zahl der Beteiligten aufgegliedert wird.

71.   Was sind die Vor- und die Nachteile der Gruppenprämie?

Bei der Gruppenprämie wird das gegenseitige Ausspannen der Kunden vermieden. Der Kunde wird intensiver beraten, weil sichergestellt ist, daß jede Verkaufskraft von dem Umsatz jedes Kunden profitiert. Nachteilig kann sich auswirken, daß der leistungssteigernde Wettbewerb innerhalb des Personals gemindert wird.

72.   Welche Entlohnung ist bei außertariflichen und leitenden Angestellten üblich?

Während sich die Entlohnung für die Arbeiter und Angestellten in der Regel nach den Vorschriften des Tarifvertrages oder der Betriebsvereinbarung richtet, sind die Entgelte für leitende Angestellte frei vereinbar. Hier spielen Titel, Stellung im Betrieb, Betriebszugehörigkeit, Alter, Erfahrung, Marktwert und Leistung eine wesentliche Rolle für die Einstufung.

73.   Was versteht man unter sozialer Betreuung?

Der Mitarbeiter im Betrieb bedarf vielfach der sozialen Betreuung. Hierzu gehören nicht nur die für alle Mitarbeiter geschaffenen Einrichtungen wie die eines Mittagstisches, der betrieblichen Sozialleistungen, der ärztlichen Versorgung oder der betrieblichen Altersversorgung, sondern im besonderen Maße auch die Hilfen im Einzelfall.

74.   Wann ist eine besondere soziale Betreuung notwendig?

In jedem Betrieb ist damit zu rechnen, daß sich Mitarbeiter in besonderen
Notsituationen befinden, sei es, daß Familienmitglieder krank sind, sei es.
daß der Mitarbeiter durch irgendwelche Umstände in wirtschaftliche Not geraten ist. In diesen Fällen ist eine besondere Betreuung erforderlich.

75.   Wie kann eine sinnvolle soziale Betreuung erfolgen?

Der Mitarbeiter muß das Gefühl haben, daß er sich an die Personalabteilung
wenden und dort individuell und unbürokratisch Rat und Hilfe einholen
kann. Häufig bedarf es nur rechtlich fundierter Ratschläge oder das Vermitteln von Adressen bzw. das Anmelden bei Behörden oder das Aufsetzen von
Schriftstücken, um in einer dem Betroffenen als ausweglos erscheinenden
Situation Hilfestellung geben können. In anderen Fällen ist eine finanzielle
Hilfe notwendig, die in Form eines Gehaltsvorschusses oder eines zinsgün-
stigen Darlehens gewährt werden kann und das langfristig mit dem Gehalt
verrechnet wird.

76.   Welche Folgen hat die soziale Betreuung?

Mitarbeiter, die sich in Not befinden, sind in ihrer Leistung gemindert.
Wenn diese Mitarbeiter aber das Gefühl haben, daß ihnen in ihrer speziellen
Situation geholfen wird, führt dies zu einer Bindung an den Betrieb und zu
verstärktem Einsatz.

77.   Was versteht man unter human relations?

Unter human relations versteht man die Gesamtheit der zwischenmenschlichen Beziehungen im Betrieb und zugleich die Bemühungen, diese Beziehungen zu pflegen und zu verbessern. Es handelt sich dabei um die sozialen
Kontakte unter den Mitarbeitern und um die Beziehungen zwischen der Unternehmensleitung und den Mitarbeitern, die einen wichtigen Einfluß auf
das sog. Betriebsklima haben.

78.   Warum sind human relations wichtig?

Eine optimale Gestaltung der Arbeitsbedingungen ist für den Leistungswil-
len der Mitarbeiter zwar unerläßlich, jedoch nicht allein entscheidend. Die
Leistungsbereitschaft setzt ein gutes Verhältnis unter den Mitarbeitern und
zwischen Unternehmensleitung und Mitarbeitern voraus.

79.   Was sind Kennzeichen eines schlechten Betriebsklimas?

Kennzeichen eines schlechten Betriebsklimas sind Neid und Mißgunst innerhalb der Belegschaft. In gleicher Weise wirken das Gefühl, in der Menschen-
wüde mißachtet oder falsch beurteilt und ungerecht behandelt werden.

80.   Was sind Kennzeichen eines guten Betriebsklimas?

Die Mitarbeiter haben das Gefühl, daß sie als Mensch geachtet werden. Der Führungsstil ist klar, die Kompetenzabgrenzungen sind eindeutig. Unternehmensleitung und Mitarbeiter sind in ihrer Zusammenarbeit von Vertrauen, Verständnis und Hilfsbereitschaft getragen. Dieses Verhältnis drückt sich in den Organisationsgrundsätzen und im gegenseitigen Verhalten und Gesprächen aus.

81.   Wie müssen die human relations gestaltet werden?

Es kommt darauf an, den Betrieb so zu organisieren, daß die Mitarbeiter richtig ausgebildet, eingesetzt, eingewiesen, informiert und weitergebildet bzw. gefördert werden, daß sie zufrieden sind.

III. Menschenführung

82.   Was versteht man unter Menschenführung?

Menschenführung ist eine Art angewandter Wissenschaft, die ihre Methoden der Technik, der Pädagogik, der Psychologie, der Soziologie und der Medizin entlehnt und das Ziel verfolgt, die in der Praxis auftauchenden Probleme in der richtigen Weise zu lösen, um ein Optimum im Zusammmenleben und -arbeiten im Betrieb zu erreichen.

83.   Was ist die Voraussetzung für eine optimale Menschenführung?

Eine optimale Menschenführung beruht auf dem gegenseitigen Vertrauen. Eine solche Menschenführung ist wirkungsvoller und leistungsfördernder als eine Menschenführung, die auf Zwang und autoritärer Führung beruht.

84.   Was versteht man unter Führen?

Führen bedeutet, andere Menschen so zum Handeln zu bringen, daß ein bestimmtes Ziel erreicht wird.

85.   Was versteht man unter Führungsstil?

Wer führt, setzt bestimmte Führungsmittel ein, um die Mitarbeiter zu einem bestimmten Handeln oder Verhalten zu veranlassen. Die Art, wie diese Führungsmittel eingesetzt werden, kennzeichnen den Führungsstil.

86.   Welche Führungsstile werden praktiziert?

Die in der betrieblichen Praxis angewandten Führungsstile, die im Einzelfall variiert werden, weisen vier verschiedene Grundformen auf: die autoritäre, die bürokratische und die kooperative Führung sowie die Delegation von Verantwortung.

87. Was versteht man unter autoritärer Führung?

Autoritäre Führung bedeutet, daß von den Mitarbeitern grundsätzlich Unterordnung verlangt wird.

88. Was versteht man unter bürokratischer Führung?

Eine bürokratische Führung ist gekennzeichnet durch eine Fülle von Anweisungen und Reglementierungen, die dem einzelnen Mitarbeiter kaum Spielraum für eigene Entscheidungen lassen.

89. Wie ist der kooperative Führungsstil gekennzeichnet?

Beim kooperativen Führungsstil werden den Mitarbeitern Mitwirkungsrechte an den sachlichen und personellen Entscheidungen eingeräumt.

90. Was versteht man unter Delegation von Verantwortung?

Die Gesamtaufgabe des Betriebes wird in Sachgebiete oder Teilfunktionen aufgegliedert, die genau definiert und ausdrücklich delegiert werden. Der einzelne Mitarbeiter kennt den Umfang und die Grenzen seiner Aufgaben und Kompetenzen. Im Rahmen dieser Kompetenzen entscheidet er allein, Sonderfälle trägt er seinem Vorgesetzten vor.

91. Woran ist der Führungsstil eines Unternehmens erkennbar?

Der Führungsstil ist erkennbar an den festgelegten Führungsgrundsätzen, den Führungstechniken und den Führungsmitteln.

92. Was versteht man unter Führungsgrundsätzen?

Unter Führungsgrundsätzen versteht man die Regelungen der Personalführung sowie die Richtlinien zur Erreichung einer optimalen Leistung unter Schaffung eines gesunden sozialen Klimas sowie unter Gewährleistung einer reibungslosen und effizienten Kooperation zwischen Führungskräften und Untergebenen sowie zwischen gleichgestellten Mitarbeitern in verschiedenen Bereichen.

93. Was versteht man unter Führungsmitteln?

Führungsmittel sind einzelne Maßnahmen zur Erfüllung der Führungsaufgaben. Hierzu gehören Richtlinien, Pläne, Informationen, Besprechungen, Anweisungen, Kontrollen, Anerkennungen und Kritik.

94.   Was versteht man unter Richtlinien?

Richtlinien sind Verhaltens- und Entscheidungsregeln, die ein einheitliches auf ein bestimmtes Ziel gerichtetes Handeln aller Betroffenen gewährleisten sollen.

95.   Welche Bedeutung haben die Pläne als Führungsmittel?

Sie geben an, welche Ziele bezogen auf ein oder mehrere Jahre in den einzelnen Bereichen, z.B. im Absatz, verwirklicht werden sollen.

96.   Welche Bedeutung hat die Information als Führungsmittel?

Mitarbeiter können nur dann richtig tätig werden, wenn sie über alle notwendigen Informationen verfügen. In vielen Fällen ist es jedoch so, daß der Informationsfluß nicht sinnvoll geregelt ist, daß Informationen nicht weitergegeben werden und daß die Mitarbeiter nicht wissen, welche Informationen für sie wichtig sind.

97.   Was versteht man unter Mitarbeiterbesprechung?

Mitarbeiterbesprechungen finden zwischen Vorgesetzten und ihren unmittelbaren Mitarbeitern statt und dienen der Entscheidungsvorbereitung. Dieses Führungsmittel aktiviert die Initiative und das Mitdenken der Mitarbeiter.

98.   Was versteht man unter Anweisungen als Führungsmittel?

Kein Unternehmen kann ohne schriftlich fixierte Anweisungen auskommen. Diese müssen im Hinblick auf Termine und Fristen genau eingehalten werden. Im Hinblick auf die Aufgabe müssen sie die Bereiche und die Ermessensspielräume beinhalten.

99.   Welche Aufgabe hat die Kontrolle als Führungsmittel?

Die Kontrolle muß sicherstellen, daß die Aufgaben erfüllt und die Ziele erreicht werden. In die Kontrolle sollte aber auch das Führungsverhalten einbezogen werden.

100.   Welche Bedeutung haben Anerkennung und Kritik?

Gute Leistungen sollten anerkannt werden, denn sie tragen zur weiteren Entfaltung der Mitarbeiter bei. Hingegen soll Kritik möglichst in einem persönlichen Gespräch erfolgen, um Fehlleistungen und Fehlverhalten ersichtlich werden zu lassen.

101. Welche Bedeutung hat die Mitarbeiterbeurteilung?

Planmäßige Beurteilungen sind ein wichtiges Führungsmittel und kommen nicht nur dem Betrieb, sondern auch dem einzelnen Mitarbeiter zugute.

102. Welche Vorteile bietet eine regelmäßige Beurteilung für die Betriebe?

Die Mitarbeiterbeurteilungen in regelmäßigen Abständen sind ein Mittel der Personalplanung und geben dem Betrieb einen Überblick über den Eignungs- und Leistungsstand sowie über die Einsatz- und Entwicklungsmöglichkeiten und ferner über den Ausbildungsbedarf. Sie liefern Unterlagen für die künftige Stellenbesetzungen und erleichtern den Personalausgleich, bieten Anhaltspunkte für Weiterbildung, die sachgemäße Bemessung des Gehalts, für Versetzungen, Beförderungen und Entlassungen.

103. Welche Vorteile bietet eine regelmäßige Beurteilung für den Mitarbeiter?

Der Mitarbeiter erhält durch eine objektive Beurteilung Kenntnis über seinen Leistungsstand und seine Stärken und Schwächen und welche Maßnahmen gegebenenfalls zu seiner Leistungsverbesserung geplant oder notwendig sind. Auf diese Weise kann einerseits erreicht werden, daß der Mitarbeiter durch maßvolle Kritik zum Ausgleich festgestellter Mängel und zu besserer Leistung motiviert wird und andererseits die Tätigkeit erhält, die seinen Fähigkeiten und Neigungen am ehesten entspricht.

104. Welche Voraussetzungen muß eine Beurteilung erfüllen?

Die Beurteilung muß sich auf Beobachtungen stützen, sie müssen beschreibbar, bewertbar und vergleichbar sein.

105. Wie müssen die Beobachtungen gestaltet sein?

Die Beobachtungen müssen so erfolgen, daß sie das natürliche Verhalten des Mitarbeiters im Arbeitsprozeß erfassen, d.h. die festgestellten Arbeitsergebnisse im Hinblick auf Arbeitstempo, Arbeitsergebnisse, Genauigkeit und Fertigkeiten umfassen und auch das Arbeitsverhalten berücksichtigen.

106. Wie werden die Beurteilungen durchgeführt?

Die Beurteilungen erfolgen in schriftlicher Form.

107. Was bedeutet Vergleichbarkeit der Beurteilung?

Die Beurteilungen müssen untereinander vergleichbar sein. Zur Bildung eines gültigen Urteils führt das Vergleichen von Merkmalen untereinander bei einer Person oder ein- und desselben Merkmals bei vielen Personen.

108. Was bedeutet Bewertbarkeit?

Die Vergleichbarkeit beruht auf einem Bewertungsmaßstab, der eine qualitative und quantitative Abstufung ermöglicht. Die Beurteilung ist an einem Normalverhalten oder an einem durchschnittlicher Leistung gegenüber bestimmter Anforderungen des Arbeitsplatzes orientiert.

109. Wie muß ein Beurteilungsschema gestaltet sein?

Ein Bewertungsschema sollte in fünf Bewertungsstufen mit folgender Einteilung untergliedert werden:

1. Stufe: Die Leistungen liegen weit über dem Durchschnitt, d.h., sie überragen in diesem Merkmal weit die mit vergleichbaren Aufgaben betrauten Mitarbeiter;

2. Stufe: Die Leistungen liegen über dem Durchschnitt, d.h., sie sind deutlich besser als die Mehrzahl der mit vergleichbaren Aufgaben betrauten Mitarbeiter;

3. Stufe: Die Leistungen entsprechen dem Durchschnitt, d.h., sie sind weder besser noch schlechter als die mit vergleichbaren Aufgaben betrauten Mitarbeiter;

4. Stufe: Die Leistungen liegen unter dem Durchschnitt, d.h., die Mehrzahl der mit gleichen Aufgaben betrauten Mitarbeiter erfüllt diese Aufgabe besser;

5. Stufe: Die Leistungen liegen weit unter dem Durchschnitt, d.h., sie werden den Anforderungen dieses Merkmals nicht gerecht.

110. Welche Bereiche werden für eine Beurteilung herangezogen?

Im allgemeinen werden das Arbeitsverhalten, das Denkverhalten und das mitmenschliche Verhalten beurteilt, wobei die zu bewertenden Beurteilungskriterien bei weniger qualifizierten Mitarbeitern mehr nach Leistungsmerkmalen und bei höher qualifizierten Mitarbeitern, insbesondere bei solchen mit Vorgesetztenfunktionen, mehr nach Persönlichkeitsmerkmalen ausgewählt werden.

111. Welche Kriterien können im Rahmen des Arbeitsverhaltens beurteilt werden?

Hierzu zählen: Belastbarkeit, Arbeitsbereitschaft und Fleiß, Konzentration und Sorgfalt, Arbeitstempo, Zuverlässigkeit, Mobilität.

112. Welche Beurteilungskriterien können im Rahmen des Denkverhaltens beurteilt werden?

Auffassen, Finden und Kombinieren, Denken und Urteilen, Organisations- und Dispositionsfähigkeit, Merken und Behalten.

113. Welche Kriterien umfaßt das mitmenschliche Verhalten?

Hier können beurteilt werden: Das Verhalten zu Vorgesetzten, zu Mitarbeitern, zu Besuchern und Kunden.

114. Welche Kriterien können zur Beurteilung geistiger Fähigkeiten herangezogen werden?

Auffassungsgabe, Ausdrucksvermögen, Dispositionsvermögen, Improvisationsvermögen, Kreativität, Organisationstalent, Selbständigkeit, Verhandlungsgeschick.

115. Welche Fehler können Beurteilungen zugrunde liegen?

Um Fehler zu vermeiden, ist es wichtig, sich von gefühlsmäßigen Eindrükken freizumachen und das Urteil auf tatsächliche Einzelbeobachtungen zu stützen. Es kommt aber auch darauf an, die Tendenz zur blassen Mitte zu vermeiden und ferner, eingetretene Verbesserungen oder Verschlechterungen zu erkennen.

116. Welche Rechte hat der Beurteilte?

Die Ergebnisse der Beurteilung müssen in jedem Fall dem Beurteilten vorgelegt werden. Sie sollten überdies zum Gegenstand eines Beurteilungsgespräches gemacht werden, in dessen Verlauf der Beurteilte die Gründe für die Beurteilung erfährt und die Möglichkeit erhält sich zu äußern und schriftlich zu dem Ergebnis Stellung zu nehmen. Der Beurteilte hat überdies das Recht, ein Betriebsratsmitglied hinzuzuziehen und Einsicht in seine Personalakten zu nehmen. Es empfiehlt sich daher, dem Beurteilten einen Durchschlag seiner Beurteilung auszuhändigen.

117. Was ist bei der Mitarbeiterauswahl zu beachten?

Bei der Auswahl von Mitarbeitern für eine bestimmte Position kommt es in erster Linie darauf an, daß die Anforderungen an den zu besetzenden Arbeitsplatz voll bekannt sind, und zwar sowohl im Hinblick auf die fachlichen als auch der persönlichen Anforderungen. Der freie Platz sollte ferner unter Berücksichtigung der Anforderungen besetzt werden, d.h., es kommt darauf an, den Bewerber zu finden, der aufgrund der geforderten Fertigkeiten und Kenntnisse am ehesten geeignet ist. Dies braucht nicht in jedem Fall der beste Mitarbeiter zu sein, wenn nur bestimmte Eigenschaften gefordert werden, oder bestimmte Anforderungen im Vordergrund stehen, während andere Anforderungen nur von untergeordneter Bedeutung sind. Schließlich sollten subjektive Einflüsse, wie Protektion oder Vorurteile vermieden werden.

118. Welche Forderungen sind an den Mitarbeitereinsatz zu stellen?

Der Mitarbeitereinsatz ist so zu gestalten, daß einmal genügend Arbeitskräfte vorhanden sind und daß immer der richtige Mitarbeiter am richtigen Platz eingesetzt wird.

119. Wie muß der Mitarbeitereinsatz geplant werden?

Es muß einmal bekannt sein, welche Mitarbeiter mit welchen Anforderungen benötigt werden und zum anderen müssen die vorhandenen Mitarbeiter optimal eingesetzt werden, um Über- oder Unterforderungen zu vermeiden.

IV. Berufsausbildung und Weiterbildung

120. Auf welchen Grundlagen beruht die Ausbildung?

Grundlage der Berufsausbildung sind die geltenden rechtlichen Bestimmungen des Berufsbildungsgesetzes, das die Bedingungen vorschreibt, unter denen ausgebildet werden darf.

121. Welche Voraussetzungen müssen vorliegen, wenn ausgebildet werden soll?

Unbedingte Voraussetzungen für eine betriebliche Ausbildung sind, daß der Betrieb für eine Ausbildung geeignet ist, daß fachlich und pädagogisch geeignete Ausbilder vorhanden sind und daß die Ausbildung systematisch unter Beachtung aller rechtlichen Vorschriften erfolgt.

122. Was ist das Ziel der Berufsausbildung?

Ziel der Berufsausbildung ist es, den benötigten Nachwuchs umfassend auszubilden und den Jugendlichen Gelegenheit zu geben, alle erforderlichen und vorgeschriebenen Fertigkeiten und Kenntnisse in einem geordneten Ausbildungsgang bei gleichzeitigem Erwerb der erforderlichen Berufserfahrung zu erlernen.

123. Welche Gesichtspunkte müssen bei der Planung der Berufsausbildung berücksichtigt werden?

Bei der Planung der Ausbildung müssen berücksichtigt werden: Die Zahl der vorhandenen Ausbildungsplätze, der benötigte Bedarf an Fachkräften, die Räume und Geräte, in bzw. an denen ausgebildet werden soll, die Versetzungsmöglichkeiten während der Ausbildung, das Vorhandensein geeigneter Ausbilder.

124. Was versteht man unter Weiterbildung?

Unter Weiterbildung ist die Gesamtheit aller direkten und indirekten Maßnahmen — im vorliegenden Fall der Betriebe — zu verstehen, mit deren Hilfe eine Erweiterung oder Veränderung der Fähigkeiten der Mitarbeiter und deren Anpassung an neue Erkenntnisse erfolgen soll.

125. Warum ist eine ständige Weiterbildung erforderlich?

Die Leistungsfähigkeit einer hochentwickelten Volkswirtschaft hängt in hohem Maße von dem Bildungs- und Ausbildungsstand breitester Bevölkerungsschichten ab. Eine ständige Weiterbildung ist aber auch deshalb erforderlich, weil ständig neue Erkenntnisse gewonnen werden, die eine Anpassung des Wissensstandes erforderlich machen.

126. Was sind die Ziele der betrieblichen Weiterbildung?

Das Ziel der betrieblichen Initiativen muß darin liegen, die Mitarbeiter für die Weiterbildung im Beruf zu interessieren und zu motivieren. Ein weiteres Ziel ist die Planung der Aufstiegsförderung der aufgrund von Beurteilungen als förderungswürdig erkannter Nachwuchskräfte und schließlich die laufende Anpassung des Wissens der Mitarbeiter an organisatorische Veränderungen des Betriebes.

127. Wo kann eine Weiterbildung erfolgen?

Die Weiterbildung kann betrieblich und überbetrieblich erfolgen, d.h., indem die Mitarbeiter an Kursen Dritter teilnehmen, deren Pläne und Methoden sowie Wissensgebiet, die vermittelt werden, den betrieblichen Vorstellungen entsprechen.

128. Welche Lehrmethoden werden in der Weiterbildung angewandt?

Es sind zahlreiche Methoden üblich. Die gebräuchlichsten sind: Der Vortrag, die Tonbildschau, die Gruppenarbeit, das Rollenspiel, die Fallmethode, das Planspiel, die Projektmethode und die Programmierte Unterweisung.

129. Welche Bedeutung hat der Vortrag?

Der Vortrag ist die älteste Form der Darbietung eines Stoffes, aber auch die umstrittenste, denn es ist erwiesen, daß der Hörer nur einen Bruchteil der Informationen eines Vortrages aufnimmt und behält, weil das Lerntempo, das ein Vortrag erfordert, viel zu schnell ist. Wissenschaftliche Untersuchungen haben ergeben, daß ein Mensch durchschnittlich 20 % dessen, was er hört, 30 % dessen, was er sieht, 50 % dessen, was er hört und sieht und 90 % dessen, was er selbst erarbeitet, behält. Der Lerneffekt eines Vortrages ist weitgehend vom Vortragsstil abhängig. Auch spielt es eine Rolle, ob die Teilnehmer Vorkenntnisse haben.

130. Welche Bedeutung hat die Tonbildschau?

Eine Tonbildschau hat gegenüber dem Film den Vorteil, daß sich das stehende Bild mit einer Worterklärung stärker einprägt. Eine Tonbildschau kann nur unter der Leitung eines Fachmannes zur Wissensvermittlung dienen. Die Schlußfolgerungen müssen gemeinsam erarbeitet werden.

131. Welche Bedeutung hat die Gruppenarbeit?

Von Gruppenarbeit spricht man dann, wenn sich mehrere Teilnehmer zusammenfinden, von denen jeder zu seinem Teil zur Lösung eines bestimmten Problems beiträgt. In einer Gruppe kann der einzelne in der Auseinandersetzung mit unterschiedlichen Beiträgen sein Wissen erweitern. Beim Lernen in der Gruppe kann das Lerntempo des einzelnen besser berücksichtigt werden.

132. Welche Bedeutung hat das Rollenspiel?

Das Rollenspiel setzt voraus, daß sich der Spieler in einen gegebenen Sachverhalt hineinversetzen kann, der ihm durch Stichworte über Vorgehen, zu behandelnde Probleme und eigene Verhaltensweisen bekanntgemacht wird. Durch das Rollenspiel kann geübt werden, Partner zu überzeugen.

133. Welche Bedeutung hat die Fallmethode?

Bei der Fallmethode handelt es sich um die Untersuchung, Darstellung und Analysierung eines tatsächlichen oder fingierten Falles. Die Teilnehmer sollen lernen, die Probleme zu erkennen, über sie zu diskutieren, die optimale Lösung zu finden bzw. verschiedene Lösungsmöglichkeiten miteinander zu vergleichen.

134. Welche Bedeutung hat das Planspiel?

Das Planspiel wird sowohl für das Treffen von Entscheidungen im Bereich der Unternehmensführung als auch in der betrieblichen Aus- und Fortbildung angewandt. Die Fehler, die bei dieser Übungsmethode gemacht werden, helfen zum besseren Verständnis und tragen zum Lernen bei, ohne daß Zeit versäumt wird oder ein Schaden entsteht. Das Planspiel ist in jedem Bereich die kritische Durchführung einer Kette von Entscheidungen, von denen jede einzelne Entscheidung auf dem Ergebnis einer vorangegangenen aufbaut.

135. Welche Bedeutung hat die Projektmethode?

Bei der Projektmethode werden in Form der Gruppenarbeit komplizierte, umfassende und in der Regel mehrere Fachgebiete betreffende Probleme bearbeitet. Die Projekt-Methode ist geeignet, Selbständigkeit im Denken und Entscheiden zu fördern und die Teilnehmer zu motivieren.

136. Welche Bedeutung hat die Programmierte Unterweisung?

Bei der programmierten Unterweisung erfolgt das Lernen anhand eines Programms mit genau festgelegten Lernschritten und ständiger Lernerfolgskontrolle. Ein solches Programm muß sich in logisch verknüpfter, lückenloser Folge von kleinsten Lernschritten nach einem vorausberechneten Ablauf auf ein Lernziel hin erstrecken.

137. Was versteht man unter Lernen?

Lernen ist ein Prozeß, durch den ein Verhalten aufgrund der Auseinandersetzung mit der Umwelt auf Dauer entsteht und verändert wird, wobei diese Änderung nicht durch angeborene Reaktion, Reifung oder vorübergehende Zustände beeinflußt ist.

138. Was versteht man unter Lernschwierigkeiten?

Lernschwierigkeiten drücken das Auseinanderfallen von tatsächlichem und erwartetem Leistungs- und Verhaltensniveau aus.

139. Was ist ein Lernziel?

Lernziel ist die Bezeichnung für das durch Lernen zu erreichende Ergebnis.

140. Was versteht man unter einem Test?

Ein Test ist ein unter festgelegten Bedingungen angewendetes Verfahren zur Untersuchung von Persönlichkeitsmerkmalen.

141. Was versteht man unter Lehrmitteln?

Lehrmittel sind Materialien, die der Ausbilder zur Erreichung des Unterrichtszieles anwendet, wie z.B. Modelle, Werkstücke, Filme usw.

142. Was versteht man unter Lernmitteln?

Lernmittel sind Unterrichts- oder Ausbildungs- bzw. Arbeitsmittel in der Hand des Auszubildenden.

E. Recht

I. Allgemeines Recht, Bürgerliches Recht

1.   Was versteht man unter Rechtsordnung?

Unter Rechtsordnung wird eine objektive Ordnung für das gesellschaftliche
Leben verstanden, die sich an den allgemein gültigen sittlichen Bewertungs-
maßstäben orientiert und an Recht und Gesetz gebunden ist. In der Bundesrepublik Deutschland ist gemäß Artikel 20 des Grundgesetzes die Bindung der rechtsprechenden und der vollziehenden Gewalt an Recht und Gesetz ausdrücklich verankert.

2.   Was ist eine Verfassung?

Die Verfassung ist die politische Grundordnung eines Staates, die über allen
Gesetzen steht. Sie enthält die rechtlichen Grundlagen für den Aufbau und
die Gliederung eines Staates und regelt die Ausübung der Staatsgewalt sowie
Bestimmungen über die Wahl des Parlaments und der Regierung. Sie grenzt
ferner das Verhältnis des Staates zu seinen Bürgern ab und bestimmt deren
Rechte und Pflichten.

3.   Welche Bedeutung hat das Grundgesetz?

Grundgesetz (GG) heißt die Verfassung der Bundesrepublik Deutschland.
Das Grundgesetz ist der Maßstab für alle anderen Rechtsgrundlagen und
Rechtshandlungen im Staat. Bestimmungen, die nicht mit dem Grundgesetz
in Einklang stehen, sind nichtig.

4.   Was ist der wesentliche Inhalt des Grundgesetzes?

Das Grundgesetz gewährt allen Deutschen eine Reihe von Grundrechten, die
auch die Gesetzgebung binden, legt die Rechte des Bundes und der Länder
fest, grenzt die gegenseitigen Kompetenzen ab und enthält Vorschriften darüber, wie ein Gesetz zustandekommt.

5.   Welche Grundrechte gewährt das Grundgesetz allen Deutschen?

Das Grundgesetz führt in den Artikeln 1 - 15 folgende Grundrechte auf:
1. Schutz der Menschenwürde, 2. Freiheit der Person, 3. Gleichheit aller vor
dem Gesetz, 4. Gleichberechtigung von Mann und Frau, 5. Glaubens- und
Gewissensfreiheit, 6. Verweigerung von Kriegsdienst mit der Waffe, 7. Freiheit der Meinungsäußerung, 8. Informationsfreiheit, 9. Freiheit von Kunst,
Wissenschaft, Lehre, 10. Schutz von Ehe und Familie, 11. Vereinigungs-
und Versammlungsfreiheit, 12. Brief-, Post-, Fernmeldegeheimnis, 13. Frei-

zügigkeit, freie Wahl von Beruf und Arbeitsplatz, 14. Unverletztlichkeit der Wohnung, 15. Recht auf Eigentum und Erbe, 16. Recht auf deutsche Staatsangehörigkeit und Asyl, 17. Petitionsrecht, 18. Recht auf Gemeineigentum.

6.   Was versteht man unter Gewaltenteilung?

Kennzeichen eines demokratischen Staates ist es, daß Gesetzgebung, Regierung und Verwaltung sowie Rechtsprechung nicht in einer Hand liegen. Man unterscheidet deshalb 1. Gesetzgebung oder Legislative (Parlament), 2. die vollziehende Gewalt oder Exekutive (Regierung und Verwaltung), 3. die Rechtsprechung oder Judikative (Gerichte).

7.   Wie wird das Recht eingeteilt?

Man unterscheidet folgende Rechtsbereiche:
a) Privates Recht: Bürgerliches Recht, Handelsrecht, Gesellschaftsrecht, Wettbewerbsrecht, Urheber- und Patentrecht (Rechtsweg: Zivilprozeß, freiwillige Gerichtsbarkeit). Teile des Wirtschafts- und Arbeitsrecht (Rechtsweg: Arbeitsgericht); Teile des Sozialrechts (Rechtsweg: Sozialgericht);
b) Öffentliches Recht: Völkerrecht (Rechtsweg: Internationaler Gerichtshof); Verfassungsrecht (Rechtsweg: Bundesverfassungsgericht); Kirchenrecht; Verwaltungsrecht (Rechtsweg: Verwaltungsgericht); Steuerrecht (Rechtsweg: Finanzgericht, Bundesfinanzhof); Strafrecht (Rechtsweg: Amts- oder Landgericht).

Das Recht kann aber auch in materielles und formelles Recht eingeteilt werden. Das materielle Recht regelt die Frage, wann ein Anspruch besteht, das formelle Recht, wie er geltend gemacht wird. Bürgerliches Recht und Handelsrecht sowie das Strafrecht sind z.B. materielles Recht; hingegen das in der Zivilprozeßordnung niedergelegte Zivilprozeßrecht und das in der Strafprozeßordnung niedergelegte Strafprozeßrecht formelles Recht.

8.   Was ist der Unterschied zwischen privatem und öffentlichem Recht?

Das Privatrecht ordnet die Beziehungen der Individuen untereinander (typisches Beispiel ist der Vertrag, den die Parteien weitgehend nach eigenem Willen gestalten können), während das öffentliche Recht die Beziehungen zwischen Parteien — z.B. zwischen dem Bürger und der Stadtverwaltung aus Anlaß eines Bauantrages — behandelt, die einander über- bzw. untergeordnet sind. Neuere Rechtsgebiete, wie z.B. das Arbeitsrecht, haben die Grenzen zwischen privatem und öffentlichem Recht fließend werden lassen.

9.   Welche Rechtsgrundlagen werden unterschieden?

Man unterscheidet:

a) das gesetzte oder geschriebene Recht. Hierzu zählen die förmlichen Gesetze, die von den Parlamenten beschlossen werden und die Rechtsverordnungen, die von Ministerien erlassen werden, weil die Parlamente überfordert wären, wenn sie bestimmte Regelungen, wie z.B. Ausführungsbestimmungen, auf dem Wege über förmliche Gesetze regeln müßten, sowie die Satzungen, die von juristischen Personen des öffentlichen Rechts aufgrund deren Autonomie zur Regelung der in ihren Aufgabenbereich fallenden Angelegenheiten erlassen werden.

b) Gewohnheitsrecht und Richterrecht. Das Gewohnheitsrecht entwickelt sich dort, wo fehlende gesetzliche Bestimmungen durch die Rechtspraxis ersetzt werden. Das Richterrecht entsteht durch die Rechtsprechung der höchsten Bundesgerichte, indem diese bestimmte Gesetze oder Sachverhalte interpretieren, an die sich die unteren Instanzen halten können, aber nicht halten müssen. Aus Gründen der Praktikabilität werden jedoch Entscheidungen der höchsten Gerichte von den unteren Instanzen häufig übernommen.

c) Vereinbartes Recht. Zwischen gleichgeordneten Partnern können jederzeit Vereinbarungen aller Art wie z.B. Kauf- oder Mietverträge geschlossen werden, die gültig sind, sofern sie nicht gegen gesetzliche Regelungen oder die guten Sitten verstoßen.

10.   Was ist ein Gesetz?

Gesetz im formellen Sinn ist ein nach den Regeln der Verfassung von den zur Gesetzgebung berufenen Organen (Bundestag, Bundesrat, Bundesregierung) in der verfassungsmäßig vorgeschriebenen Weise beschlossener Rechtssatz.

Gesetz im materiellen Sinne ist ein allgemeiner Rechtssatz, der Tatbestand und Rechtsfolge für eine bestimmte Anzahl von Fällen regelt. Zu den Gesetzen im materiellen Sinne zählen auch die Rechtsverordnungen.

11.   Wie verhalten sich Gesetzgebung und Verwaltung gegenseitig?

Die Gesetzgebung, die den Parlamenten zugewiesen und den Verwaltungsinstanzen entzogen ist, setzt das Recht, das die Grundsätze für die Ordnung der einzelnen Lebensbereiche enthält. Die Verwaltung, die der Gesetzgebung untergeordnet ist, überträgt diese Rechtssätze im Rahmen ihres jeweiligen Aufgabenbereiches in die Wirklichkeit. Eine Verwaltungsmaßnahme darf aber Recht und Gesetz nicht widersprechen. Allerdings enthalten alle Verwaltungsmaßnahmen einen gewissen Spielraum, innerhalb dessen die Verwaltungen nach reinen Zweckmäßigkeitserwägungen, dem sogenannten Ermessensspielraum, vorgehen können. Auch die Nachprüfbarkeit der Verwaltungstätigkeit durch die Verwaltungsgerichte ist an die Feststellung der Ermessensüberschreitung oder des Ermessensmißbrauchs gebunden.

12.   Was ist ein Verwaltungsakt?

Unter einem Verwaltungsakt versteht man eine hoheitliche Handlung, die von einer Verwaltungsbehörde auf dem Gebiet des öffentlichen Rechts zur Regelung eines Einzelfalles mit unmittelbarer rechtlicher Wirkung nach aussen vorgenommen wird. Verwaltungsakte sind z.B. Steuerbescheide, Gewerbegenehmigungen und die Ernennung von Beamten. Nach dem Inhalt unterscheidet man die Verfügung, die Entscheidung, die Beurkundung und Beglaubigung und die Erklärungsentgegennahme, wie z.B. die Eheschließungserklärung vor dem Standesbeamten.

13.   Was versteht man unter freiwilliger Gerichtsbarkeit?

Unter der freiwilligen Gerichtsbarkeit wird die gesamte Tätigkeit der Gerichte und Notare auf dem Gebiet des bürgerlichen Rechts, die sich außerhalb der grundsätzlich streitigen Angelegenheiten vollzieht, verstanden. Zur freiwilligen Gerichtsbarkeit gehören insbesondere die Tätigkeit des Vormundschafts- und Nachlaßgerichts, die Beurkundung und die Beglaubigung von Rechtsgeschäften, Verträgen und Unterschriften, das Bearbeiten von Registerangelegenheiten (Güterrechtsregister, Vereinsregister, Handelsregister, Genossenschaftsregister, Geschmacksmusterregister) und die Tätigkeit der Grundbuchämter.

14.   Wie ist die Durchsetzung der nach BGB und HGB zustehenden Rechte geregelt?

Die Durchsetzung erfolgt auf dem Wege des Zivilprozesses. Das Verfahren ist in der Zivilprozeßordnung geregelt und erfordert die Einleitung eines Verfahrens durch die Klage. Träger der Vollstreckungsgewalt ist der Staat. Gerichtsvollzieher und Amtsgericht sind berufen, auf dem Wege über die Zwangsvollstreckung den Anspruch des Gläubigers auf seinen Antrag hin zu verwirklichen, wenn die Rechte trotz eines obsiegenden Urteils nicht wahrgenommen werden können. Die Zwangsvollstreckung setzt daher immer einen vollstreckbaren Titel voraus.

15.   Was ist Rechtsfähigkeit?

Rechtsfähigkeit ist die Fähigkeit, Träger von Rechten und Pflichten zu sein. Sie beginnt mit Vollendung der Geburt (§ 1 BGB) und endet mit dem Tode oder der Todeserklärung.

16.   Was ist Deliktsfähigkeit?

Unter der Deliktsfähigkeit wird die zivilrechtliche Verantwortung für unerlaubte Handlungen gemäß §§ 827, 828 BGB verstanden. Unbeschränkt de-

liktsfähig sind Personen über 18 Jahren. Kinder unter 7 Jahren und Geisteskranke sind deliktsunfähig, während Personen zwischen 7 und 18 Jahren sowie Taubstumme bedingt deliktsfähig sind. Strafunmündig sind Kinder unter 14 Jahren, während Jugendliche zwischen 14 und 18 Jahren sowie vermindert Zurechnungsfähige nur bedingt strafmündig sind. Hingegen besitzt
jeder Mensch die Parteifähigkeit, d.h. die Fähigkeit, Kläger oder Beklagter
in einem Zivilprozeß zu sein.

17.   Was versteht man unter Geschäftsfähigkeit?

Geschäftsfähigkeit ist die Fähigkeit, Rechtsgeschäfte selbständig vollwirk-
sam vorzunehmen. Das BGB geht davon aus, daß grundsätzlich jeder Mensch
geschäftsfähig ist, also durch eigene Willenserklärungen Rechte und Pflichten erwerben kann. Es regelt daher in den §§ 104, 106 und 114 nur die
Ausnahmen. So sind Kinder bis zur Vollendung des 7. Lebensjahres und
Geisteskranke geschäftsunfähig. Ihre Willenserklärungen sind rechtlich unwirksam. Beschränkt geschäftsfähig sind Minderjährige, die zwar das 7.
aber noch nicht das 18. Lebensjahr vollendet haben, ferner die wegen Gei-
stesschwäche, Verschwendung oder Trunksucht Entmündigten sowie die unter vorläufiger Vormundschaft stehenden Personen. Von ihnen ohne Einwilligung des gesetzlichen Vertreters abgegebene Willenserklärungen sind
schwebend unwirksam. Sie können jedoch durch nachträgliche Genehmigung Wirksamkeit wirksam, wenn er durch sie lediglich einen rechtlichen
Vorteil erlangt oder mit eigenem Taschengeld erfüllen kann.

18.   Welche Bedeutung haben Rechts- und Geschäftsfähigkeit?

Die Rechtsfähigkeit ist die Voraussetzung für die Parteifähigkeit, die Geschäftsfähigkeit ist Erfordernis für die Prozeßfähigkeit.

19.   Was versteht man unter der Parteifähigkeit?

Parteifähigkeit ist die Fähigkeit, Kläger oder Beklagter in einem Zivilprozeß
zu sein.

20.   Was sind Rechtsgeschäfte?

Rechtsgeschäfte sind Willenserklärungen, die einen rechtlichen Erfolg bewirken sollen.

21.   Wer kann Rechtsgeschäfte schließen?

Nach der geltenden Rechtsordnung kann jeder, der geschäftsfähig ist, ein
Rechtsgeschäft tätigen und dadurch ein Rechtsverhältnis nach seinem
Willen begründen und gestalten. Rechtsgeschäfte spielen daher im Alltag

eines jeden eine Rolle und sind nicht nur im Geschäfts- oder Wirtschaftsleben bedeutsam.

22. Wie werden die Rechtsgeschäfte eingeteilt?

Man unterscheidet zwischen einseitigen und mehrseitigen Rechtsgeschäften.

23. Wie sind einseitige Rechtsgeschäfte zu charakterisieren?

Einseitige Rechtsgeschäfte kommen durch eine Willenserklärung zustande, die schon bei der Abgabe rechtswirksam sein kann, wie z.b. beim Testament oder erst nach dem Zugang die rechtliche Wirkung auslöst, wie z.b. bei der Kündigung.

24. Wie sind mehrseitige Rechtsgeschäfte zu charakterisieren?

Mehrseitige Rechtsgeschäfte kommen durch übereinstimmende Willenserklärungen von zwei oder mehreren Personen zustande, z.b. durch Angebot und Annahme und begründen in der Regel beiderseitige Verpflichtungen, wie z.b. beim Kaufvertag.

25. Welche anderen Rechtsgeschäfte bestehen außerdem gemäß BGB?

Das BGB unterscheidet noch zwischen dinglichen Rechtsgeschäften (Verfügungen) und obligatorischen Rechtsgeschäften (Verpflichtungsgeschäften). Verfügungen ändern unmittelbar das Recht an einer Sache (z.b. Eigentumsübertragungen), während Verpflichtungsgeschäfte nur die Pflicht auferlegen, einen rechtswirksamen Erfolg durch eine Verfügung herbeizuführen.

26. Was versteht man unter entgeltlichen und was unter unentgeltlichen Rechtsgeschäften?

Die Geschäfte eines Kaufmannes sind grundsätzlich entgeltlich. Bei einem entgeltlichen Rechtsgeschäft wird dem Erwerber ein Vorteil gewährt, doch eine Gegenleistung (z.b. der Kaufpreis) gefordert. Hingegen wird bei einem unentgeltlichen Rechtsgeschäft dem einen ein Vorteil auf Kosten des anderen verschafft, z.b. bei einer Schenkung.

27. Welche Bestimmungen bestehen im Hinblick auf die Form von Rechtsgeschäften?

Grundsätzlich sind Rechtsgeschäfte formfrei. Gesetzlich sind jedoch in bestimmten Fällen besondere Formvorschriften vorgeschrieben, z.b. bei Bürgschaftsversprechen, Testament, Mietverträge über Grundstücke. Den Parteien ist es jedoch überlassen, bei grundsätzlich formfreien Verträgen die Schriftform zu vereinbaren. Bei Nichtbeachtung gesetzlicher Formvorschriften ist das Rechtsgeschäft in der Regel nichtig.

28.   Welche zwingende Formvorschriften schreibt das Gesetz vor?

Gesetzlich vorgeschrieben sind die Schriftform, die öffentliche Beglaubigung und die notarielle Beurkundung.

29.   Wann ist die Schriftform vorgeschrieben?

Die Schriftform ist dort vorgeschrieben, wo ein Schutz gegen unbedachte Erklärungen geschaffen werden soll oder wo man sich im Verkehrsinteresse nicht mit mündlichen Erklärungen begnügen kann.

30.   Wie ist die öffentliche Beglaubigung zu charakterisieren?

Bei der öffentlichen Beglaubigung muß das Schriftstück handschriftlich unterschrieben und die Unterschrift des Erklärenden von einem Notar beglaubigt sein. Die Richtigkeit des Inhalts des Schriftstückes wird damit nicht bestätigt.

31.   Wie ist die notarielle Beurkundung zu charakterisieren?

Bei der notariellen Beurkundung wird sowohl die Richtigkeit des Inhalts als auch die Echtheit der Unterschrift durch den Notar bestätigt. Eine notarielle Beurkundung ersetzt sowohl die einfache und die qualifizierte Schriftform als auch die öffentliche Beglaubigung. Z.B. müssen Grundstücksverträge notariell beurkundet sein.

32.   Welche Voraussetzungen müssen vorliegen, damit ein Rechtsgeschäft gültig ist?

Zur Gültigkeit eines Rechtsgeschäftes müssen folgende Erfordernisse vorliegen: Geschäftsfähigkeit des Handelnden, erlaubter Inhalt des Rechtsgeschäftes, wirksamer und mangelfreier Wille des Handelnden, Erklärung des Willens des Handelnden, Beachtung von Formvorschriften. Fehlt eine dieser Voraussetzungen, ist das Rechtsgeschäft fehlerhaft. Als Folge können Nichtigkeit, Anfechtbarkeit oder schwebende Unwirksamkeit eintreten.

33.   Was ist die Folge der Nichtigkeit eines Rechtsgeschäftes?

Bei der Nichtigkeit ist ein Rechtsgeschäft von Anfang an unwirksam und braucht daher nicht angefochten zu werden.

34.   Welche Rechtsgeschäfte sind nichtig?

Ein Rechtsgeschäft ist von Anfang an nichtig (rechtlich unwirksam),
a) wenn es gegen ein gesetzliches Verbot oder
b) gegen eine gesetzliche Formvorschrift oder
c) gegen die guten Sitten verstößt;
d) wenn es sich um ein wucherisches Geschäft handelt;
e) wenn ein Geschäftsunfähiger eine Willenserklärung oder
f) wenn jemand eine Willenserklärung im Zustand der Bewußtlosigkeit oder vorübergehenden Störung der Geistestätigkeit abgibt;
g) wenn es nur zum Schein oder
h) zum Scherz abgeschlossen wurde.

35.   Was sagt das BGB über die Anfechtung?

Anfechtbare Rechtsgeschäfte sind solange gültig, bis sie rechtswirksam angefochten werden. Aufgrund einer wirksamen Anfechtung ist ein Rechtsgeschäft von Anfang an nichtig. Zur Anfechtung berechtigen Irrtum, arglistige Täuschung oder widerrechtliche Drohung. Wegen Irrtums kann jedoch ein Rechtsgeschäft nur angefochten werden, wenn ein Partner eine Erklärung dieses Inhalts überhaupt nicht abgeben wollte. Keine Anfechtungsmöglichkeit besteht jedoch wegen Irrtums über die Beweggründe, weil hier Wille und Erklärung übereinstimmen und nur der erhoffte Erfolg nicht eintritt (z.B. beim Kauf von Aktien in der Hoffnung, daß die Kurse steigen).

36.   Was ist ein Vertrag?

Ein Vertrag ist ein mehrseitiges Rechtsgeschäft, das als Willensübereinstimmung mindestens zweier Personen auf die Herbeiführung eines bestimmten Erfolges gerichtet ist und durch Angebot (Antrag) und Annahme zustandekommt.

37.   Welche wichtigen Verträge sind im Wirtschaftsleben bedeutsam?

Im Wirtschaftsleben spielen folgende Verträge eine wichtige Rolle: Kaufverträge, Miete, Pacht, Leihe, Darlehen, Dienstverträge, Werkverträge, Werklieferungsverträge, Mäklerverträge, Tausch, Beförderungsverträge, Verwahrungsverträge, Gesellschaftsverträge.

38.   Was sind Personen?

Personen sind die Träger von Rechten und Pflichten. Neben den natürlichen Personen (alle Menschen) unterscheidet das Gesetz noch die sog. juristischen Personen des öffentlichen und privaten Rechts, wie den eingetragenen Verein, die Stiftung, die Aktiengesellschaft und die GmbH. Diese juristischen Personen sind ebenso wie die natürlichen Personen rechtsfähig, also Träger von Rechten und Pflichten. Sie handeln durch ihre Organe.

39.   Was sind Sachen?

Sachen sind gemäß § 90 BGB räumlich begrenzte, körperliche Gegenstände und Tiere. Man unterscheidet bewegliche und unbewegliche Sachen (Immobilien). Diese Unterscheidung ist vor allem für die Art, in der Rechte an Sachen begründet oder übertragen werden, von Bedeutung. Vertretbare Sachen, das sind solche, die nach Maß, Zahl oder Gewicht bestimmt sind, werden von den unvertretbaren (z.B. den Sonderanfertigungen) unterschieden. Rechtlich bedeutsam ist diese Unterscheidung dafür, ob auf einen Werklieferungsvertrag die Bestimmungen über den Kauf oder den Werkvertrag anzuwenden sind. Eine weitere Unterscheidung der Sachen ist die in verbrauchbare und unverbrauchbare Sachen. Sachen, die nicht voneinander getrennt werden können, ohne daß der eine oder der andere Teil zerstört wird (wesentliche Bestandteile), können nicht Gegenstand besonderer Rechte (z.B. unterschiedliche Eigentumsverhältnisse) sein. Da das BGB mit Grund und Boden fest und nicht nur vorübergehend verbundene Sachen ausdrücklich zu den wesentlichen Bestandteilen des Grundstücks zählt, gehören diese Sachen stets dem Grundstückseigentümer.

40.   Was versteht man unter Vertretung?

Vertretung liegt vor, wenn jemand im Namen eines anderen rechtsgeschäftlich handelt. Damit die Rechtsgeschäfte unmittelbar für und gegen den Vertretenen wirken, muß der Vertreter die Befugnis zur Vertretung besitzen. Die Vertretungsmacht kann auf einer gesetzlichen Bestimmung beruhen, wie z.B. die Vertretungsmacht der Eltern gegenüber ihren ehelichen Kindern, sie kann aber auch durch Rechtsgeschäft begründet werden und heißt dann Vollmacht.

41.   Wie wird eine Vollmacht erteilt?

Eine Vollmacht wird in der Regel durch Erklärung gegenüber dem zu Bevollmächtigenden, z.B. dem Rechtsanwalt, erteilt. Die Vollmachtserteilung, die bis auf wenige Ausnahmen formfrei ist, kann durch Erklärung gegenüber dem Dritten, dem gegenüber die Vertretung stattfinden soll, oder durch öffentliche Bekanntmachung erfolgen.

42.   Was ist die Wirkung einer Vertretung?

Handelt ein Vertreter ohne Vertretungsmacht oder überschreitet er deren Grenzen, dann wird der angeblich Vertretene hierdurch nicht gebunden. Das Rechtsgeschäft ist schwebend unwirksam. Genehmigt jedoch der unberechtigt Vertretene den abgeschlossenen Vertrag, so wird dieser ihm gegenüber wirksam. Verweigert er dagegen die Genehmigung, dann haftet der vollmachtlose Vertreter dem Vertragspartner selbst. Bei einseitigen Rechtsgeschäften ist eine Vertretung ohne Vertretungsvollmacht grundsätzlich unzulässig. Von der unmittelbaren oder direkten Stellvertretung ist die sog. mittelbare Stellvertretung zu unterscheiden. Sie liegt vor, wenn die Stellvertretung nach außen hin nicht in Erscheinung tritt, sondern der Stellvertreter im eigenen Namen aber für fremde Rechnung handelt. Mittelbare Stellvertreter sind z.B. Treuhänder, Kommissionsagenten. Die Organe juristischer Personen (z.B. der Vorstand einer AG) und die amtlichen Vertreter von Sondervermögen (Konkursverwalter, Nachlaßpfleger) haben die Stellung eines gesetzlichen Vertreters.

43. Was versteht man unter Fristen und Terminen?

Unter Frist wird ein abgegrenzter Zeitraum, unter Termin ein bestimmter Zeitpunkt verstanden. Beginnt eine Frist während eines Tages, so wird dieser Tag bei der Berechnung der Frist nicht mitgezählt. Mitgezählt wird dagegen der erste Tag, wenn die Frist mit dem Beginn des Tages zu laufen anfängt. Eine nach Tagen bestimmte Frist endet mit dem Ablauf des letzten Tages der Frist. Eine nach Wochen oder Monaten bestimmte Frist endet, sofern die Frist während des Tages beginnt, mit dem Ablauf des Tages der letzten Woche oder des letzten Monats, welcher durch seine Benennung dem Tag entspricht, in dessen Verlauf die Frist begonnen hat. Wird der erste Tag bei der Berechnung der Frist mitgezählt, so endet die Frist mit dem Ablauf des vorhergehenden Tages. Wenn an einem bestimmten Tag oder innerhalb einer bestimmten Frist eine Willenserklärung abzugeben oder eine Leistung zu bewirken ist und dieser Tag oder der letzte Tag der Frist ein Samstag, Sonntag oder allgemeiner Feiertag ist, so tritt an die Stelle dieses Tages der nächstfolgende Werktag.

44. Was ist ein Anspruch?

Ein Anspruch ist das Recht des Gläubigers, von einem Schuldner ein Tun (Zahlung des Kaufpreises) oder ein Unterlassen (Unterlassen von Wettbewerb) zu fordern.

45. Was ist Verjährung?

Unter Verjährung versteht man die Möglichkeit, eine Leistungsverpflichtung nach Ablauf einer bestimmten Frist (Verjährungsfrist) zu verweigern. Grundsätzlich verjährt jeder Anspruch. Die Verjährung hat keinen Untergang des Anspruchs zur Folge. Der Schuldner ist nur berechtigt, die Erfüllung des Anspruchs mit der Einrede der Verjährung zu verweigern. Erhebt er keine Einrede, dann darf das Gericht die Verjährung nicht von sich aus berücksichtigen. Auch kann der Schuldner, der eine bereits verjährte Forderung erfüllt hat, die Leistung nicht deshalb zurückfordern, weil er von der Verjährung nichts gewußt hat. Grundsätzlich beginnt der Lauf der Verjährungsfrist mit der Entstehung bzw. Fälligkeit des Anspruchs. Eine Stundung hemmt die Verjährung, d.h. die alte Frist läuft erst weiter, wenn die Stundung fortfällt. Unterbrochen wird die Verjährung, wenn der Anspruch ausdrücklich oder z.b. durch Zahlung von Zinsen oder Raten anerkannt wird. Auch die Klageerhebung oder die Zustellung eines Mahnbescheids, nicht jedoch eine Mahnung, unterbrechen eine Verjährung.

46.   Was sind Allgemeine Geschäftsbedingungen?

Allgemeine Geschäftsbedingungen (AGB) sind vorformulierte Vertragsbedingungen, die frei ausgehandelt werden können, sofern sie nicht sittenwidrig sind, häufig aber von Verkäufern oder Einkäufern einseitig festgelegt und für die Vertragspartner verbindlich sind. Die Folge der Möglichkeit, allgemeine Geschäftsbedingungen für die Partner verbindlich festlegen zu wollen, ist, daß sich die Vertragsbedingungen von Käufer und Verkäufer einander ausschließen. Das Gesetz zur Regelung des Rechts der Allgemeinen Geschäftsbedingungen (AGB-Gesetz) ist am 1.4.1977 in Kraft getreten. Es gilt insbesondere für die Rechtsbeziehungen zwischen Kaufleuten und Nichtkaufleuten, während die Allgemeinen Geschäftsbedingungen im Verkehr zwischen Kaufleuten frei ausgehandelt werden können.

47.   Was ist der Zweck allgemeiner Geschäftsbedingungen?

Zweck der allgemeinen Geschäftsbedingungen ist es, alle Verträge gleich zu behandeln und allen Vertragspartnern gleiche Einkaufs- oder Verkaufsbedingungen zu bieten. Außerdem soll die Haftung begrenzt und die Vertragsfolgen aufgezeigt werden. Da die allgemeinen Geschäftsbedingungen Bestandteil des Vertrages sind, müssen sie dem Vertragspartner bei Vertragsschluß bekanntgegeben sein. Ausreichend ist auch eine Auftragsbestätigung mit den allgemeinen Geschäftsbedingungen, sofern der Vertragspartner nicht widerspricht. Sind die allgemeinen Geschäftsbedingungen erst nach Vertragsschluß bekanntgegeben worden, z.B. durch die Rechnungserteilung, so sind sie im allgemeinen nicht Vertragsinhalt und damit unverbindlich, es sei denn, daß die selben Bedingungen schon bei früheren Geschäften mit diesem Partner gegolten haben. Die allgemeinen Geschäftsbedingungen werden ohne weiteres verbindlich, wenn sie behördlich für allgemeinverbindlich erklärt sind oder durch ordnungsgemäße Veröffentlichung der Banken, Versorgungsbetriebe allgemein bekanntgemacht worden sind, weil allgemein bekannt ist, daß derartige Unternehmungen immer allgemeine Geschäftsbedingungen herausgeben und nur zu diesen Bedingungen Geschäfte tätigen.

48.   Wie werden Geschäftsbedingungen Vertragsinhalt?

Verkäufer und Käufer können sich nur dann auf ihre Verkaufs- bzw. Einkaufsbedingungen berufen, wenn diese Vertragsinhalt geworden sind. Sie werden Vertragsinhalt, wenn sie Bestandteil des Angebots bzw. der Bestellung waren und vom Partner ausdrücklich oder durch Schweigen angenommen wurden. Voraussetzung ist jedoch, daß sie dem anderen ausreichend erkennbar sind.

49.   Welche Bedeutung hat das Schweigen?

Stillschweigen gilt dann als Zustimmung, wenn für den Fall der Ablehnung eine entsprechende Erklärung erforderlich gewesen wäre. Schweigen gilt ebenfalls dort als Zustimmung, wo nach Lage des Einzelfalles entsprechend der Übung ordentlicher Kaufleute bei Ablehnung ausdrücklicher Widerspruch zu erwarten wäre.

50.   Wann kommt kein Vertrag zustande?

Solange die Vertragspartner ohne Annahme oder Lieferung, also ohne schlüssiges Handeln, ihren gegenseitigen Geschäftsbedingungen widersprechen, kommt kein Vertrag zustande, weil dann die erforderliche Übereinstimmung fehlt.

51.   Was ist das Merkmal eines Schuldverhältnisses?

Merkmal eines Schuldverhältnisses ist die Verpflichtung des Schuldners zu einer Leistung an den Gläubiger.

52.   Was ist eine Stückschuld?

Eine Stückschuld liegt vor, wenn eine individuell bestimmte Sache geschuldet wird.

53.   Was ist eine Gattungsschuld?

Eine Gattungsschuld liegt vor, wenn die geschuldete Leistung nur der Gattung nach bestimmt ist.

54.   Wie ist bei einer Gattungsschuld zu liefern?

Bei einer Gattungsschuld ist eine Sache von mittlerer Art und Güte zu liefern.

55.   Welche Bestimmungen bestehen im Hinblick auf Geldschulden?

Die Geldschuld ist keine Gattungsschuld, sondern eine Wertschuld. Geldschulden sind durch Hingabe von gesetzlichen Zahlungsmitteln auszugleichen. Ist eine in ausländischer Währung ausgedrückte Geldschuld im Inland zu zahlen, so kann die Zahlung in deutscher Währung erfolgen, sofern nichts anderes vereinbart ist. Die Umrechnung hat nach dem Kurswert zu erfolgen, der zur Zeit der Zahlung für den Zahlungsort maßgeblich ist.

56. Welche Bestimmungen bestehen im Hinblick auf den Ort der Leistung?

Wird eine Leistung geschuldet, so muß feststehen, wo sie an den Gläubiger zu bewirken ist. Der Ort, an dem die Leistung zu erbringen ist, ist der Erfüllungsort.
Der Erfüllungsort wird festgelegt:
a) durch die Vereinbarung der Parteien;
b) durch gesetzliche Vorschriften, z.B. sind verwahrte Sachen am Aufbewahrungsort zurückzugeben;
c) durch die Umstände, insbesondere durch die Natur der Schuldverhältnisse, z.B. an einer Baustelle;
d) durch den Wohnsitz des Schuldners oder den Ort seiner gewerblichen Niederlassung zur Zeit der Entstehung des Schuldverhältnisses.

57. Welche Arten von Schulden werden unterschieden?

Man unterscheidet:
a) Holschulden, d.h. die am Wohnsitz des Schuldners zu erbringenden Schulden;
b) Bringschulden, d.h. die am Wohnsitz des Gläubigers zu erfüllenden Schulden;
c) Schickschulden, d.h. die am Wohnsitz des Schuldners zu erfüllenden Schulden, bei denen der Schuldner den Leistungsgegenstand nach dem Wohnsitz des Gläubigers (den Ablieferungsort) zu senden hat.

58. Was sind Geldschulden?

Geldschulden sind Schickschulden, d.h., Geld muß der Schuldner auf eigene Gefahr und Kosten dem Gläubiger an seinen Wohnsitz übermitteln.

59. Welche Bestimmungen bestehen im Hinblick auf die Zeit der Leistung?

Für die Fälligkeit der Leistung kann eine Zeit bestimmt sein. Fehlt es an einer Zeitbestimmung, so kann der Gläubiger die Leistung sofort verlangen und der Schuldner sie sofort bewirken. Ist dagegen eine Zeit bestimmt, so ist im Zweifel anzunehmen, daß der Gläubiger die Leistung nicht vor dieser Zeit verlangen, aber der Schuldner sie vorher bewirken kann.

60.   Sind Teilleistungen rechtlich zulässig?

Die Leistung ist einheitlich zu bewirken, und zwar auch dann, wenn sie teilbar ist. Der Schuldner ist daher zu Teilleistungen nicht berechtigt und der Gläubiger zu ihrer Annahme auch nicht verpflichtet, so daß er eine Leistung, durch die die Schuld nur zum Teil erfüllt würde, zurückweisen darf, ohne deshalb in Annahmeverzug zu geraten.
Ausnahmen bestehen in folgenden Fällen:
Der Wechselgläubiger muß Teilzahlungen annehmen. Ebenfalls müssen in der Zwangsvollstreckung und im Konkursverfahren Teilleistungen angenommen werden. Nach Treu und Glauben muß der Gläubiger eine Teilleistung annehmen, wenn dann nur noch eine kleine Restschuld übrig bleibt. Schließlich kann in Form von Sukzessivlieferungsverträgen festgelegt werden, daß eine bestimmte Teilmenge in Teilen geliefert wird, was meist auf Abruf des Gläubigers geschieht.

61.   Wie erlöschen Schuldverhältnisse?

Schuldverhältnisse können erlöschen durch Erfüllung, Hinterlegung, Aufrechnung und Erlaß.

62.   Was versteht man unter Erfüllung?

Das Schuldverhältnis erlischt, wenn die geschuldete Leistung an den Gläubiger bewirkt wird. Voraussetzung ist, daß die Leistung in vollen Umfang, am rechten Ort und zur rechten Zeit bewirkt wird.

63.   Was versteht man unter Leistung an Erfüllungs Statt?

Das Schuldverhältnis erlischt auch, wenn der Gläubiger eine andere als die geschuldete Leistung an Erfüllungs Statt annimmt. Besteht diese Leistung aber in der Eingehung einer Verbindlichkeit, so wird diese im Zweifel nicht an Erfüllungs Statt angenommen, sondern nur erfüllungshalber, d.h., die alte Schuld bleibt bis zur Tilgung dieser neuen Schuld bestehen.

64.   Was versteht man unter Hinterlegung?

Unter bestimmten Voraussetzungen kann der Schuldner seine Verbindlichkeit durch Hinterlegung erfüllen, anstatt die geschuldete Leistung an den Gläubiger unmittelbar zu erbringen.

65.   Wann ist eine Hinterlegung möglich?

Der Schuldner kann Wertsachen beim Amtsgericht hinterlegen, wenn der Gläubiger in Annahmeverzug ist oder wenn der Schuldner über die Person des Empfangsberechtigten im unklaren ist.

Nicht hinterlegungsfähige Sachen kann der Schuldner versteigern und den Erlös hinterlegen.

66. Was versteht man unter Aufrechnung?

Aufrechnung ist die Tilgung einer Forderung durch Ausgleichung mit einer Gegenforderung.

67. Unter welchen Voraussetzungen ist eine Aufrechnung möglich?

Die Aufrechnung setzt voraus, daß die beiden Forderungen gegenseitig, gleichartig, gültig und fällig sind. Im Konkurs kann jedoch auch mit einer ungleichartigen Gegenforderung aufgerechnet werden.

68. Was ist ein Erlaß einer Schuld?

Das Schuldverhältnis erlischt, wenn der Gläubiger a) dem Schuldner durch Vertrag die Schuld erläßt; b) dem Schuldner durch Vertrag anerkennt, daß das Schuldverhältnis nicht besteht.

69. Welche Wirkung hat ein Vertragsantrag?

Der Antrag ist eine empfangsbedürftige Willenserklärung und mithin erst wirksam, wenn er dem Angebotsempfänger zugegangen ist. Der Antrag muß alle wesentlichen Punkte des Vertrages so bestimmt erkennen lassen, daß der Vertrag durch eine einfache Erklärung, das Angebot sei angenommen, zustandekommt.

70. Welche Wirkung hat das Angebot eines Vertragsschlusses?

Wer einem anderen den Abschluß eines Vertrages anbietet, ist an den Antrag gebunden, sofern er nicht die Gebundenheit ausdrücklich ausschließt (z.B. durch die Formulierung „Das Angebot ist freibleibend"). Der Antrag erlischt, wenn er abgelehnt wird oder nicht rechtzeitig angenommen wird.

71. Was ist ein Dissens?

Ein Dissens liegt vor, wenn sich die Erklärungen der Vertragsschließenden nicht decken. Ein offener Dissens liegt vor, wenn nicht über alle Punkte, über die eine Vereinbarung getroffen werden sollte, eine Einigung erzielt wurde. In diesem Fall ist der Vertrag nicht zustandegekommen. Auch der Teil, über den man sich bereits geeinigt hat, ist im Zweifel ungültig. Ein versteckter Dissens liegt vor, wenn sich die Parteien nicht bewußt sind, daß keine Einigung erzielt worden ist. Auch hier ist der Vertrag nicht zustandegekommen.

72.   Was versteht man unter der Einrede des nicht erfüllten Vertrages?

Wer aus einem gegenseitigen Vertrag verpflichtet ist, kann die ihm obliegende Leistung bis zur Bewirkung der Gegenleistung verweigern, es sei denn, daß er verpflichtet ist vorzuleisten.

73.   Was versteht man unter einem Abzahlungsgeschäft?

Bei einem Abzahlungsgeschäft wird der Kaufpreis in Raten entrichtet.

74.   In welchem Gesetz ist das Recht der Abzahlungsgeschäfte geregelt?

Das Recht der Abzahlungsgeschäfte ist durch das Gesetz betr. die Abzahlungsgeschäfte in der Fassung vom 15.5.1974 geregelt, durch das die Vertragsfreiheit eingeschränkt wird. Im Gegensatz zum normalen Warenverkauf bedarf der Teilzahlungskaufvertrag der Schriftform, um rechtswirksam zu sein. Der Käufer hat ein befristetes Widerrufsrecht.

75.   Wodurch unterscheiden sich Besitz und Eigentum?

Besitz bedeutet die tatsächliche, Eigentum die rechtliche Herrschaft über eine Sache. Besitz besteht also ohne Rücksicht darauf, ob dem Inhaber einer Sache auch ein Recht auf Besitz zusteht. Hingegen kann der Eigentümer mit seiner Sache nach Belieben verfahren und andere von jeder Einwirkung ausschließen, allerdings kann er von seinem Recht nicht Gebrauch machen, um andere zu schaden. Der Eigentümer einer Sache kann die Herausabe von jedem verlangen. Der Herausgabeanspruch ist aber ausgeschlossen, wenn schuldrechtliche Rechte auf Besitz, z.B. durch Miete, Pacht oder Leihe gegenüber dem Eigentümer, bestehen.

76.   Wie erfolgt der Eigentumserwerb?

Der rechtsgeschäftliche Eigentumserwerb setzt Einigung über den Eigentumsübergang und die Übergabe der Sache voraus.

77.   Wie wird Besitz erworben?

Besitz wird durch Erlangen der tatsächlichen Gewalt über die Sache erworben.

78.   Wie wird Eigentum erworben?

Eigentum kann durch Rechtsgeschäft, durch Ersitzung, Aneignung, kraft Gesetzes und durch Zuschlag in der Zwangsversteigerung erworben werden.

79.   Was ist bei dem Erwerb von Grundeigentum zu beachten?

Für den rechtsgeschäftlichen Erwerb sind grundsätzlich die Einigung der

Parteien über den Eigentumswechsel und die Eintragung der Rechtsänderung in das Grundbuch erforderlich. Grundstücksgeschäfte unterliegen strengen Formvorschriften. Nicht nur das schuldrechtliche Geschäft – der Kaufvertrag – bedarf der notariellen Beurkundung, sondern auch die zur Übertragung des Grundeigentums erforderliche dingliche Einigung zwischen Veräußerer und Erwerber – die sog. Auflassung – muß bei gleichzeitiger Anwesenheit beider Parteien vor dem Notar erklärt werden.

80.   Welche Aufgabe hat das Grundbuch?

Die von den Amtsgerichten als Grundbuchämter geführten Grundbücher sind staatliche Register. In ihnen werden die Eigentümer sämtlicher Grundstücke sowie alle an einem Grundstück bestehenden dinglichen Rechte – z.B. die Grundpfandrechte, Hypotheken, Grundschulden, usw. verzeichnet. Das Verfahren ist in der Grundbuchordnung festgelegt. Die Grundbucheintragung begründet die Vermutung, daß der Eingetragene auch der Berechtigte ist.

81.   Wie erfolgt der Erwerb von Grundeigentum in anderen Fällen als durch Rechtsgeschäft?

Eine Erhitzung liegt vor, wenn jemand 30 Jahre als Eigentümer im Grundbuch eingetragen ist, ohne in Wahrheit Eigentum erlangt zu haben, sofern er es in dieser Zeit in Besitz hatte. War der Besitzer nicht in das Grundbuch eingetragen, kann er sich das Grundstück aufgrund eines gerichtlichen Ausschlußurteils aneignen. Erwerb von Grundeigentum kraft Gesetzes ist z.B. bei Eigentumsübergabe durch Erbfolge gegeben. Grundeigentum kann aber auch durch Zuschlag in der Zwangsversteigerung erworben werden.

82.   Welche Lieferverträge sind im Wirtschaftsleben üblich?

Im Wirtschaftsleben haben im Bereich der Lieferverträge der Kaufvertrag, der Werkvertrag und der Werklieferungsvertrag die größte Bedeutung.

83.   Wodurch unterscheiden sich Kaufvertrag, Werkvertrag und Werklieferungsvertrag voneinander?

Im Rahmen eines Kaufvertrages wird eine Sache oder ein Recht verkauft, beim Werkvertrag wird die Herstellung einer Sache, d.h., die Herstellung eines Arbeitserfolges vereinbart, wobei der Besteller das Material liefert. Liefert hingegen der Unternehmer bei Gegenständen, die erst hergestellt werden müssen, das Material, so liegt ein Werklieferungsvertrag vor.

84.   Wie unterscheidet sich der Werkvertrag vom Dienstvertrag?

Beim Dienstvertrag handelt es sich um einen gegenseitigen Vertrag, durch den sich der eine Teil zur Leistung von Diensten, der andere zur Vergütung dieser Dienstleistungen verpflichtet. Wenn der Dienstverpflichtete durch den Vertrag in einen Betrieb eingegliedert wird und der Weisungsbefugnis des Arbeitgebers untersteht, liegt ein Arbeitsvertrag vor, für den die besonderen Regeln des Arbeitsrechts gelten und die dienstvertraglichen Vorschriften des BGB nur noch ergänzend Anwendung finden. Der Dienstverpflichtete muß in der Regel die versprochene Leistung selbst erbringen. Im Gegensatz zum Dienstvertrag, bei dem während einer bestimmten oder unbestimmten Zeit ein Tätigwerden schlechthin geschuldet wird, muß beim Werkvertrag ein Tätigkeitserfolg gegen Entgelt herbeigeführt werden. Der Dienstvertrag ist also zeitbestimmt, der Werkvertrag erfolgsbestimmt.

85.   Was ist der Inhalt eines Kaufvertrages?

Durch den Kaufvertrag wird der Verkäufer einer Sache verpflichtet, dem Käufer die Sache zu übergeben und das Eigentum an der Sache zu verschaffen. Der Käufer ist verpflichtet, dem Verkäufer den vereinbarten Kaufpreis zu zahlen und die gekaufte Sache abzunehmen. Ist der Kaufgegenstand ein Recht, hat es der Verkäufer dem Käufer zu verschaffen und, sofern es zum Besitz einer Sache berechtigt, ihm diese zu übergeben.

86.   Wie kommt ein Kaufvertrag zustande?

Ein Kaufvertrag kommt durch zwei übereinstimmende Willenserklärungen, dem Antrag und der Annahme, zustande.

87.   Wie ist der Kaufgegenstand beim Warenkauf bestimmt?

Der Kaufgegenstand ist entweder individuell oder gattungsmäßig bestimmt. Im ersten Fall liegt ein Stückkauf, im zweiten ein Gattungskauf vor, bei dem der Verkäufer nur die Lieferung von Sachen mittlerer Art und Güte schuldet.

88.   Wie muß das Eigentum übertragen werden?

Der Verkäufer einer Ware ist verpflichtet, dem Käufer den verkauften Gegenstand frei von Rechten Dritter zu verschaffen.

89.   Was bedeutet der Übergang der Gefahr?

Mit der Übergabe der gekauften Sache an den Käufer geht die Gefahr des zufälligen Untergangs und einer zufälligen Verschlechterung auf den Käufer über.

90.   Wie ist der Erfüllungsort geregelt?

Als Erfüllungsort gilt gesetzlich nach § 269 BGB der Wohnsitz des Schuldners zur Zeit der Entstehung des Schuldverhältnisses. Der Erfüllungsort kann aber auch vertraglich frei vereinbart werden. Die Gefahr des Verlustes oder der Beschädigung geht am Erfüllungsort auf den Käufer über.

91. Was versteht man unter dem Versendungskauf?

Beim Versendungskauf hat der Verkäufer auf Verlangen des Käufers den Kaufgegenstand auf dessen Gefahr an einen anderen Ort als den Erfüllungsort zu senden. Der Käufer hat in der Regel die Versandkosten zu tragen.

92. Was sind besondere Arten des Kaufvertrages?

Besondere Arten des Kaufvertrages sind: der Kauf unter Eigentumsvorbehalt, der Kauf zur Probe, der Kauf nach Probe, der Kauf auf Probe, der Wiederkauf, der Vorkauf.

93. Was versteht man unter dem Kauf unter Eigentumsvorbehalt?

Beim Kauf unter Eigentumsvorbehalt wird vereinbart, daß dem Verkäufer das Eigentum bis zur völligen Zahlung des Kaufpreises vorbehalten bleibt. Vorher darf der Käufer nicht ohne Zustimmung des Verkäufers über die Kaufsache verfügen und sie insbesondere weder verkaufen, verschenken, verpfänden oder zur Sicherung übereignen. Der Eigentumsvorbehalt muß vereinbart werden.

94. Was versteht man unter einem Vorkauf?

Das Vorkaufsrecht ist die vertraglich vereinbarte Befugnis, einen bestimmten Gegenstand von dem Verkäufer zu kaufen, wenn dieser die Verkaufsabsicht hat. Der Vorkaufsberechtigte hat das Recht, eine Sache zu den gleichen Bedingungen zu kaufen, wie der Verkäufer sie an einen anderen verkaufen will. Der Verkäufer hat in diesem Fall dem Vorkaufsberechtigtem von dem mit dem anderen geschlossenen Kaufvertrag unverzüglich Mitteilung zu machen. Innerhalb einer Woche – bei Grundstücken innerhalb von zwei Monaten – nach Erhalt der Mitteilung kann der Vorkaufsberechtigte erklären, daß er sein Vorkaufsrecht ausübt. Er wird Käufer. Das Vorkaufsrecht kommt insbesondere bei Grundstücken vor und wird in das Grundbuch eingetragen (dingliches Vorkaufsrecht).

95. Wann haftet der Verkäufer einer Sache?

Der Verkäufer haftet dem Käufer dafür, daß die verkaufte Sache zur Zeit des Gefahrenübergangs auf den Käufer nicht mit Fehlern oder Mängeln behaftet ist, die den Wert oder die Tauglichkeit zu dem gewöhnlichen oder nach dem Vertrag vorgesehenen Gebrauch aufheben oder mindern. Der Verkäufer haftet ferner dafür, daß die Sache zur Zeit des Gefahrenüberganges die zugesicherten Eigenschaften aufweist.

96.   Was versteht man unter einem Lieferungsverzug?

Der Verkäufer gerät in Lieferungsverzug, wenn er nicht rechtzeitig liefert und unter Setzung einer angemessenen Nachfrist erfolglos gemahnt wurde.

97.   In welchen Fällen ist eine Mahnung nicht erforderlich?

Beim Fixgeschäft ist eine Mahnung nicht erforderlich. Ebenso ist eine Nachfrist nicht erforderlich, wenn der Verkäufer erklärt, nicht zu liefern oder wenn den Umständen nach eine spätere Lieferung sinnlos ist.

98.   Was versteht man unter einem Fixgeschäft?

Beim Fixgeschäft ist der Liefertermin kalendermäßig genau bestimmt, bzw. der Vertrag ist innerhalb einer festgesetzten Frist zu erfüllen.

99.   Welche Rechte hat der Käufer bei Lieferungsverzug?

Der Käufer kann

a) auf Lieferung bestehen und bei entstandenem Schaden Schadensersatz wegen verspäteter Lieferung verlangen;

b) er kann vom Vertrag zurücktreten, muß aber dabei auf Schadensersatz verzichten;

c) er kann die verspätete Lieferung ablehnen und Schadensersatz wegen Nichterfüllung verlangen. Dies tritt bei den sog. Deckungskäufen bei, bei denen der Käufer die Ware an anderer Stelle teurer bezieht.

100.   Welche Voraussetzungen müssen für einen Rücktritt vom Vertrag oder für eine Schadensersatzforderung vorliegen?

Voraussetzung für einen Rücktritt oder für die Schadensersatzforderung wegen Nichterfüllung ist mit Ausnahme des Fixkaufes und den Fällen, in denen keine Nachfrist gesetzt zu werden braucht, daß in der Mahnung ausdrücklich die Ablehnung der Lieferung nach einer bestimmten Frist angedroht wurde.

101.   Welche Rechte hat der Käufer bei Mängel in der Sache?

Stellt der Käufer Mängel fest, die den Wert oder die Tauglichkeit der Sache zu dem gewöhnlichen oder dem nach dem Vertrag vorausgesetzten Gebrauch aufheben oder mindern, so muß der Käufer den Mangel unverzüglich, d.h. ohne schuldhaftes Zögern dem Verkäufer in Form einer Mängelrüge anzeigen. Ist der Mangel bei der Untersuchung der Ware nicht erkennbar, so ist er sofort nach dem Erkennen zu melden.

102.   Welche Rechte hat der Käufer bei Mängel in der Sache?

Der Käufer hat folgende Rechte:

a) Wandlung, d.h. Rückgängigmachung des Vertrages oder
b) Minderung, d.h. die Gewährung eines Preisnachlasses oder
c) unter bestimmten Voraussetzungen zusätzlich einen Schadensersatzanspruch, und zwar dann, wenn der Verkäufer eine bestimmte Eigenschaft zugesichert hat, oder wenn der Mangel arglistig verschwiegen wurde oder
d) Umtausch, d.h. die Lieferung einer einwandfreien Ware. (Dies ist nur bei einem Gattungskauf möglich.)

103. Was versteht man unter Annahmeverzug?

Annahmeverzug liegt vor, wenn der Käufer die bestellte und ordnungsgemäß gelieferte Sache nicht abnimmt.

104. Welche Rechte hat der Verkäufer bei Annahmeverzug?

Bei Annahmeverzug kann der Verkäufer auf Abnahme bestehen, auf Abnahme klagen, die Ware aufbewahren bzw. lagern lassen und vom Käufer die Mehraufwendungen verlangen; er kann die Ware aber auch, falls die Ware zur Hinterlegung nicht geeignet ist, versteigern lassen und den Versteigerungserlös hinterlegen. Mit dem Annahmeverzug geht die Gefahr des zufälligen Untergangs oder der Verschlechterung auf den Käufer über.

105. Welche Rechte hat der Verkäufer bei Zahlungsverzug?

Zahlungsverzug liegt vor, wenn der Käufer trotz Mahnung die Kaufsache nicht bezahlt. Einer Mahnung bedarf es jedoch rechtlich nicht, wenn der Zahlungstermin vertraglich genau vereinbart wurde oder wenn der Schuldner erklärt, nicht zu zahlen.
Im Falle des Zahlungsverzuges kann der Verkäufer neben dem Kaufpreis Verzugszinsen in Höhe von 4 % jährlich, unter Kaufleuten 5 %, bei nachgewiesenem Schaden auch mehr sowie die Mahnkosten verlangen und im übrigen seine Ansprüche im Mahn- oder Klagewesen geltend machen.

II. Handelsrecht

106. Wer ist Kaufmann?

Kaufmann im Sinne des Handelsgesetzbuches ist, wer ein Handelsgewerbe betreibt.

107. Welche Bedeutung hat die Kaufmannseigenschaft?

Der Name eines Kaufmanns wird zur Firma, eine Firma muß in das Handelsregister eingetragen sein, es sei denn, der Gewerbebetrieb erfordert nach Art und Umfang keinen in kaufmännischer Weise eingerichteten Geschäftsbetrieb.

108. Was ist eine Firma?

Die Firma eines Kaufmanns ist der Name, unter dem er im Handel seine Geschäfte betreibt und seine Unterschrift abgibt. Ein Kaufmann kann unter seiner Firma klagen und verklagt werden.

109. Wer ist Minderkaufmann?

Gewerbetreibende, die zwar ein Handelsgewerbe ausüben, deren Betrieb aber einen in kaufmännischer Weise eingerichteten Betriebsumfang nicht erreichen, werden Minderkaufleute genannt und werden deshalb nicht in das Handelsregister eingetragen.

110. Was ist das Handelsregister?

Das Handelsregister ist ein öffentliches Verzeichnis aller Vollkaufleute. Es wird von den Amtsgerichten geführt und enthält alle wichtigen Angaben über die juristische und organisatorische Seite eines Unternehmens.

111. Welche Tatsachen sind insbesondere in das Handelsregister einzutragen?

In das Handelsregister sind insbesondere eintragungspflichtig: Name der Firma und Ort der Niederlassung, Firmenänderungen, das Erlöschen der Firma, Gesellschaftsgründungen, Namen von Personen, die Inhaber oder Personen, die berechtigt sind, das Unternehmen zu vertreten, Kapitalanteile bei Gesellschaften, die Erteilung und der Widerruf von Prokuren.

112. Wo muß eine Firma in das Handelsregister eingetragen werden?

Jeder Kaufmann ist verpflichtet, seine Firma und den Ort seiner Niederlassung bei dem Amtsgericht, in dessen Bezirk sich die Niederlassung befindet, zur Eintragung in das Handelsregister anzumelden.

113. Was bedeutet der Grundsatz der Firmenwahrheit und der Firmenklarheit?

Der ursprüngliche Name einer neu gebildeten Firma muß wahr sein, sich von allen eingetragenen Firmen, die an demselben Ort bereits bestehen, deutlich unterscheiden. Überdies darf der Firma kein Zusatz beigefügt werden, der ein Gesellschaftsverhältnis andeutet oder sonst geeignet ist, eine Täuschung über die Art oder den Umfang des Geschäfts oder die Verhältnisse des Geschäftsinhabers herbeizuführen. Zusätze, die zur Unterscheidung der Person oder des Geschäfts dienen, sind gestattet.

114. Wie muß der Einzelkaufmann firmieren?

Der Einzelkaufmann muß eine Personenfirma wählen und in den Namen der Firma seinen Familiennamen mit mindestens einem ausgeschriebenen Vornamen aufnehmen.

115. Wie muß eine OHG firmieren?

Die Firma einer offenen Handelsgesellschaft hat die Namen aller Gesellschafter oder den Familiennamen eines Gesellschafters mit einem Gesellschaftszusatz, der die OHG erkennen läßt, zu enthalten.

116. Wie muß eine KG firmieren?

Die Firma einer Kommanditgesellschaft hat den Familiennamen wenigstens eines Vollhafters mit dem Gesellschaftszusatz zu enthalten. Die Namen der Kommanditisten dürfen in die Firma nicht aufgenommen werden.

117. Wie muß eine AG firmieren?

Die Firma einer Aktiengesellschaft soll eine Sachfirma sein und den Gegenstand des Unternehmens angeben.

118. Wie muß eine GmbH firmieren?

Die Gesellschaft mit beschränkter Haftung kann zwischen einer Personen- und einer Sachfirma wählen, muß aber einen das Vorhandensein eines Gesellschaftsverhältnisses andeutenden Zusatz enthalten. Die Namen anderer Personen als der Gesellschafter dürfen in die Firma nicht aufgenommen werden.

119. Wodurch ist eine Einzelunternehmung charakterisiert?

Die Einzelunternehmung ist dadurch charakterisiert, daß ein Kaufmann seinen Betrieb allein oder nur mit einem stillen Gesellschafter betreibt. Der Einzelunternehmer haftet für alle Verbindlichkeiten seines Unternehmens allein und unbeschränkt, d.h. auch mit seinem Privatvermögen. Die Gründung eines Einzelunternehmens ist an keine besonderen Formvorschriften gebunden.

120. Wie werden die Handelsgesellschaften unterteilt?

Man teilt die Handelsgesellschaften danach ein, ob die Person (der Inhaber, Gesellschafter) oder die Kapitalbeteiligung im Vordergrund stehen.

121. Welche Gesellschaften bezeichnet man als Personengesellschaften?

Personengesellschaften sind: Die offene Handelsgesellschaft, die Kommanditgesellschaft, die stille Gesellschaft.

122. Welche Gesellschaften bezeichnet man als Kapitalgesellschaften?

Kapitalgesellschaften sind: die Aktiengesellschaft, die Gesellschaft mit beschränkter Haftung, die Kommanditgesellschaft auf Aktien.

123. Welche besonderen Gesellschaftsformen bestehen?

Man unterscheidet einmal die GmbH & Co KG und Gesellschaften mit besonderen wirtschaftlichen Aufgaben: die bergrechtliche Gewerkschaft für Betriebe des Bergbaus, die Reederei für Betriebe der Schiffahrt, die Genossenschaft für Betriebe, die die Förderung des Erwerbs und der Wirtschaft ihrer Mitglieder mittels gemeinschaftlichen Geschäftsbetriebes bezwecken, sowie der Versicherungsverein auf Gegenseitigkeit.

124. Was ist eine Offene Handelsgesellschaft (OHG)?

Eine OHG ist eine Personengesellschaft, deren Zweck auf den Betrieb eines Handelsgewerbes unter gemeinschaftlicher Firma gerichtet ist und bei der jeder Gesellschafter den Gesellschaftsgläubigern gegenüber unbeschränkt mit seinem geschäftlichen und privaten Vermögen haften.

125. Wie ist die Gewinnverteilung in einer OHG?

Jeder Gesellschafter erhält zunächst 4 % seines Kapitalanteils, der verbleibende Gewinn wird gleichmäßig nach Köpfen verteilt.

126. Was ist eine Kommanditgesellschaft (KG)?

Die KG ist eine Handelsgesellschaft, deren Gesellschafter teils unbeschränkt (Vollhafter, Komplementär), teils beschränkt (Teilhafter, Kommanditist) haften. Die Kommanditgesellschaft muß mindestens einen Komplementär und mindestens einen Kommanditisten, der nur mit seiner Kapitaleinlage haftet, haben.

127. Was sind die besonderen Merkmale einer KG?

a) Die Kommanditisten arbeiten in der Gesellschaft nicht mit. Sie haben nur ein Widerspruchsrecht bei außergewöhnlichen Geschäftsvorfällen,
b) die Geschäftsführung liegt allein in den Händen der Komplementäre.

128. Wie ist die Gewinnverteilung in der KG?

Für den Fall, daß keine besondere Vereinbarung getroffen worden ist, erhält jeder Gesellschafter 4 % seines Kapitalanteils, der Rest wird angemessen verteilt.

129. Was ist eine stille Gesellschaft?

Eine stille Gesellschaft ist nach außen nicht erkennbar. Sie entsteht, indem sich ein stiller Gesellschafter an dem Handelsgewerbe eines anderen mit einer Einlage beteiligt, die in das Vermögen des Inhabers des Handelsgewerbes übergeht. Der stille Gesellschafter wird nicht Miteigentümer am Vermögen des anderen.

130. Was ist das Wesen der stillen Gesellschaft?

Der stille Gesellschafter tritt nach außen nicht in Erscheinung. Seine Stellung ähnelt der eines Darlehensgebers mit dem Unterschied, daß die Einlage nicht verzinst wird. Der stille Gesellschafter erhält vielmehr vertraglich einen Anteil des Gewinns. Der stille Gesellschafter haftet jedoch nicht gegenüber den Gesellschaftsgläubigern. Der Vorteil der stillen Gesellschaft besteht für die Gläubiger darin, daß sich das Vermögen und damit die Haftungssumme vergrößert.

131. Was ist eine Aktiengesellschaft?

Die AG ist eine Kapitalgesellschaft mit eigener Rechtspersönlichkeit (juristische Person). Für die Verbindlichkeiten der Gesellschaft haftet den Gläubigern nur das Gesellschaftsvermögen. Die Aktiengesellschaft hat ein in Aktien zerlegtes Grundkapital.

132. Was versteht man unter dem Grundkapital?

Das Grundkapital ist das in der Satzung der AG ziffernmäßig festgelegte Geschäftskapital, das durch die Einlagen der Aktionäre aufgebracht wird. Der Mindestnennbetrag ist 100.000,– DM. Das Grundkapital wird in Aktien zerlegt, die mindestens einen Nennwert von 50,– DM haben müssen. Höhere Aktiennennbeträge müssen auf volle 100,– DM lauten.

133. Was sind die Organe einer AG?

Eine Aktiengesellschaft hat drei Organe: den Vorstand, d.h. die Unternehmensleitung, den Aufsichtsrat als Überwachungsorgan und die Hauptversammlung als die Vertretung des Kapitalbesitzes.

134. Was ist eine Kommanditgesellschaft auf Aktien?

Eine KGaA ist eine juristische Person, bei der mindestens ein Gesellschafter unbeschränkt haftet, während die übrigen, die Kommanditaktionäre, nur an dem in Aktien zerlegten Grundkapital beteiligt sind. Für die Kommanditgesellschaft auf Aktien gelten weitgehend die Vorschriften des Aktienrechts.

135. Was ist eine Gesellschaft mit beschränkter Haftung?

Die GmbH ist eine juristische Person, deren Gesellschafter mit Einlagen auf das Stammkapital beteiligt sind, ohne persönlich für die Verbindlichkeiten der Gesellschaft zu haften.

136. Was ist bei der Gründung einer GmbH zu beachten?

Eine GmbH kann auch durch eine einzige Person gegründet werden. Das Stammkapital beträgt mindestens 50.000,— DM. Sollen Sacheinlagen geleistet werden, so sind im Gesellschaftsvertrag der Gegenstand der Sacheinlage sowie der Betrag der Stammeinlage, auf die sich die Sacheinlage bezieht, festzustellen. Der Anmeldung zum Handelsregister müssen beigefügt sein: der Gesellschaftsvertrag, die Legitimation der Geschäftsführer, die Liste der Gesellschafter; falls Sacheinlagen geleistet werden, der Sachgründungsbericht und Unterlagen darüber, daß der Wert der Sacheinlagen den Wert der dafür übernommenen Stammeinlagen erreicht, Angaben über die Vertretungsbefugnis der Geschäftsführer.

137. Was sind die Organe der GmbH?

Organe der GmbH sind die Geschäftsführer als die gesetzlichen Vertreter der GmbH und die Gesamtheit der Gesellschafter (Gesellschafterversammlung). In einzelnen Fällen ist auch ein Aufsichtsrat vorgesehen, und zwar nach dem Betriebsverfassungsgesetz bei mehr als 500 Arbeitnehmern.

138. Wo liegen die Unterschiede zwischen einer AG und einer GmbH?

Im wesentlichen liegen folgende Unterschiede vor:

a) Die AG benötigt 5 Gründungsmitglieder, die GmbH nur ein Gründungsmitglied,

b) die Gründung einer GmbH ist auch nach den seit 01.01.1986 aufgrund der Vorschriften des Bilanzrichtlinien-Gesetzes geltenden schärferen Bestimmungen einfacher und billiger als die Gründung einer Aktiengesellschaft,

c) die GmbH-Anteile sind keine Wertpapiere wie die Aktien, ihre Übertragung ist erschwert, sie sind zum Börsenhandel nicht zugelassen,

d) die Gesellschafter einer GmbH können zu Nachschüssen herangezogen werden, während Aktionäre niemals zur Nachzahlung auf Aktien verpflichtet sind,

e) durch das Bilanzrichtlinien-Gesetz nähert sich die GmbH im Hinblick auf die Gliederung von Bilanz und Gewinn- und Verlust-Rechnung, die Prüfungspflicht für mittlere und große GmbHs sowie die Pflicht zur Veröffentlichung der Bilanz und des Lageberichts sehr stark den Vorschriften für die AG.

139. Was ist eine GmbH & Co KG?

Die GmbH & Co KG ist eine Rechtsform der Praxis. Rechtlich gesehen handelt es sich um eine Kommanditgesellschaft und mithin um eine Personengesellschaft. Der persönlich haftende Gesellschafter ist jedoch eine GmbH, die Kommanditisten sind meist natürliche Personen. Die GmbH ist zur Geschäftsführung innerhalb der KG berechtigt. Sowohl die GmbH als auch die Kommanditisten haften nur bis zur Höhe der Einlagen.

140. Was ist das Wesen einer Genossenschaft?

Genossenschaften (eG) sind keine Handelsgesellschaften, da sie keine Gewinne erzielen, sondern einem bestimmten Personenkreis wirtschaftliche Vorteile durch gemeinsames Handeln bringen wollen. Sie sind eine Einrichtung der wirtschaftlichen Selbsthilfe und beruhen auf einem freiwilligen Zusammenschluß insbesondere von Kaufleuten, Handwerkern, Landwirten, Mietern, Verbrauchern. Genossenschaften sind nicht im Handelsregister, sondern in einem besonderen Genossenschaftsregister eingetragen.

141. Welche Arten von Genossenschaften werden unterschieden?

Nach ihrer Zielsetzung unterscheidet man Erwerbs- und Wirtschaftsgenossenschaften. Nach ihren Funktionen unterscheidet man: Absatz-, Bezugs-, Betriebs-, Konsum-, Kredit- und Baugenossenschaften.

142. Was versteht man unter Erwerbsgenossenschaften?

Erwerbsgenossenschaften wollen die gewerblichen oder landwirtschaftlichen Betriebe ihrer Genossen durch gemeinsame Produktion, Einkauf, Verkauf oder durch Kreditgewährung fördern. Typische Beispiele solcher Erwerbsgenossenschaften sind die Edeka als Einkaufsgenossenschaft. Die in ländlichen Gebieten anzutreffenden Hauptgenossenschaften übernehmen die gemeinsame Lagerhaltung und den gemeinsamen Verkauf in der Landwirtschaft, Winzergenossenschaften den gemeinsamen Kellereibetrieb und den Absatz im Weinbau. Die Volksbanken sind Kreditgenossenschaften, die ihren Mitgliedern Kredite zu günstigen Bedingungen gewähren.

143. Was sind Wirtschaftsgenossenschaften?

Die Wirtschaftsgenossenschaften wollen ihren Mitgliedern durch gemeinsamen Einkauf Vorteile verschaffen. Hierzu zählen u.a. die Konsumvereine und die Baugenossenschaften, die ihren Mitgliedern günstig zu Mietwohnungen oder Eigenheimen verhelfen wollen.

144. Wie erfolgt die Gründung einer Genossenschaft?

Zur Gründung einer Genossenschaft sind mindestens sieben Personen erforderlich, die zunächst das Statut (Satzung, Gesellschaftsvertrag) festzulegen haben, in dem u.a. geregelt wird, bis zu welcher Höhe sich die Genossen mit Einlagen als Geschäftsanteilen beteiligen können. Bei der Gründung sind der Vorstand und der Aufsichtsrat zu bestellen. Sodann muß die Genossenschaft zum Genossenschaftsregister beim Amtsgericht angemeldet werden.

145. Was versteht man unter Hilfspersonen des Kaufmanns?

Hilfspersonen des Kaufmanns sind einmal die unselbständigen Kräfte und zum anderen die selbständigen Hilfskräfte sowie die Auszubildenden (Lehrlinge).

146. Wer ist Handlungsgehilfe?

Handlungsgehilfe ist, wer in einem Handelsgewerbe zur Leistung kaufmännischer Dienste gegen Entgelt beschäftigt wird. Mithin sind etwa Buchhalter, Einkäufer und Verkäufer Handlungsgehilfen, nicht aber Monteure, technische Zeichner, Kellner in einem Restaurant oder Angestellte von Rechtsanwälten. Obwohl die Handlungsgehilfen mittels Einzelarbeitsvertrag angestellt werden, richten sich Entgelt, Urlaubsansprüche u.dgl. nach den Tarifverträgen und unterscheiden sich in der Regel nicht von den Regelungen für andere Beschäftigtengruppen.

147. Welche Pflichten hat ein Handlungsgehilfe?

Der Handlungsgehilfe hat eine Arbeits- und eine Treuepflicht. Aus der Arbeitspflicht ergibt sich, daß der Handlungsgehilfe die Pflicht hat, die Anweisungen seines Arbeitgebers im Rahmen seines Arbeitsverhältnisses zu befolgen. Die Treuepflicht verlangt, daß er sich nach besten Kräften für das Unternehmen einsetzt und alles unterläßt, was dem Unternehmen schaden könnte. Hierzu gehören insbesondere der Verrat von Geschäftsgeheimnissen, die Annahme von Schmiergeldern, die Ausübung eines selbständigen Handelsgewerbes neben seiner Angestelltentätigkeit ohne Einwilligung seines Betriebsinhabers und das Verbot, in dem Handelsgewerbe seines Unternehmens für eigene oder fremde Rechnung Geschäfte zu machen oder sich an einem anderen Unternehmen als vollhaftender Gesellschafter zu beteiligen.

148. Welche Pflichten hat der Unternehmer gegenüber den Handlungsgehilfen?

Der Unternehmer hat die Fürsorgepflicht und die Gehaltzahlungspflicht.

149. Was ist ein Handelsmakler?

Ein Makler vermittelt oder erbringt den Nachweis für einen Geschäftsabschluß Dritter, ohne seinerseits selbst im eigenen oder fremden Namen den Abschluß vorzunehmen.

150. Welche Arten von Maklern werden unterschieden?

Man unterscheidet:
den öffentlich bestellten Makler zur Durchführung öffentlicher Versteigerungen, den Kursmakler, den Handelsmakler und den Zivilmakler.

Während der Handelsmakler gewerbsmäßig Gegenstände des Handelsverkehrs vermittelt, befaßt sich der Zivilmakler mit dem Nachweis oder der Vermittlung von Vertragsabschlüssen außerhalb von Gegenständen des Handels, etwa als Grundstücks- und Wohnungsmakler. Der Zivilmakler ist daher an sich kein Kaufmann, es sei denn, sein Geschäftsbetrieb geht nach Art und Umfang über den Rahmen des Kleingewerbes hinaus. Hingegen betreibt der Handelsmakler ein Grundhandelsgewerbe und ist mithin Vollkaufmann.

151. Welche Rechte hat der Handelsmakler?

Der Handelsmakler hat Anspruch auf eine Vergütung (Maklerlohn), wenn der Vertrag durch seine Vermittlung zustandegekommen ist. Diese Provision vom Umsatz ist ihm von jeder Partei zur Hälfte zu bezahlen und ist mit dem Vertragsabschluß fällig. Der Handelsmakler hat keinen Anspruch auf Auslagenersatz.

152. Welche Rechte hat der Zivilmakler?

Da der Zivilmakler regelmäßig nur gegenüber einer Partei in einem Vertragsverhältnis steht, hat er auch nur gegenüber dieser einen Lohnanspruch, den er sogar verwirkt, wenn er vertragswidrig auch für den anderen Geschäftspartner tätig geworden ist.

153. Warum sind im Geschäftsleben Vollmachten notwendig?

Kaum ein Kaufmann ist heute noch in der Lage, alle Geschäfte seines Unternehmens selbst zu erledigen. Er setzt hierfür Mitarbeiter ein, die für ihre Tätigkeit eine Vollmacht des Kaufmanns benötigen. Aufgrund der Bevollmächtigungen wirken die Geschäfte für und gegen den Kaufmann.

154. Wie erfolgt eine Vollmachterteilung?

Die Vollmachterteilung erfolgt durch Erklärung gegenüber dem Bevollmächtigten oder dem Geschäftspartner oder durch öffentliche Bekanntmachung. Inhalt und Umfang bestimmen sich nach dem zugrundeliegenden Vertragsverhältnis.

155. Welche Arten von Vollmachten werden unterschieden?

Man unterscheidet:
a) die Einzelvollmacht. Sie gilt nur für ein einziges Rechtsgeschäft,
b) die Artvollmacht. Sie gilt ständig für eine bestimmte Art von Geschäften,
c) die Generalvollmacht. Sie ist eine ständige Vollmacht für alle gewöhnlich vorkommenden Rechtsgeschäfte.

156. Was ist eine Prokura?

Die Prokura ist eine bestimmte Art einer Vollmacht, die nur von einem handelsgerichtlich eingetragenen Unternehmen mittels ausdrücklicher Erklärung erteilt werden kann und deren Umfang gesetzlich genau festgelegt ist.

157. Wie wird eine Prokura erteilt?

Die Prokura muß zur Wirksamkeit nach außen hin in das Handelsregister eingetragen werden.

158. Wie ist der Umfang der Prokura festgelegt?

Die Prokura bevollmächtigt zu allen Rechtshandlungen, die der Betrieb eines Handelsgewerbes mit sich bringen kann.

159. Welche Handlungen darf der Prokurist nicht vornehmen?

Nicht gestattet sind dem Prokuristen:
a) Die Veräußerung und Belastung von Grundstücken,
b) Handlungen, die nicht mit dem Betrieb des Handelsgewerbes im Zusammenhang stehen, insbesondere nicht das ganze Geschäft veräußern, den Betrieb einstellen, Handelsregistereintragungen vornehmen oder den Konkurs beantragen,
c) keine höchstpersönlichen Angelegenheiten des Geschäftsinhabers vornehmen, also keine Bilanz unterschreiben, keinen Prokuristen ernennen und keinen Eid für den Inhaber leisten.

160. Welche Arten von Prokuren werden unterschieden?

Man unterscheidet:
a) Die Einzelprokura, die in einem Unternehmen an verschiedene Mitarbeiter erteilt werden kann;
b) die Gesamtprokura. Hierbei können nur mehrere Prokuristen gemeinsam unterzeichnen;
c) die Filialprokura. In diesem Fall ist die Prokura auf den Betrieb einer Filiale beschränkt. Hierzu ist es erforderlich, daß die Hauptniederlassung und die Zweigniederlassung unter verschiedenen Namen firmieren.

161. Wie erlischt eine Prokura?

Die Prokura erlischt:
a) Durch den Tod des Prokuristen,
b) durch Ausscheiden des Prokuristen aus dem Betrieb,
c) durch Widerruf des Unternehmers,
d) mit der Auflösung des Unternehmens.
In allen Fällen muß die Prokura im Handelsregister gelöscht werden.

162. Was ist der Unterschied zwischen Prokura und Handlungsvollmacht?

Die Handlungsvollmacht ist in ihrer Wirkung nicht so umfangreich wie die Prokura. Sie wird nicht im Handelsregister eingetragen und erstreckt sich auf die gewöhnlich vorkommenden Geschäfte.

163. Was versteht man unter Handelsgeschäften?

Handelsgeschäfte sind alle Rechtsgeschäfte eines Kaufmanns, die zum Betrieb seines Handelsgewerbes gehören. Mithin gehören die Privatgeschäfte des Kaufmanns nicht zu den Handelsgeschäften.

164. Welche Arten von Handelsgeschäften werden unterschieden?

Man unterscheidet einseitige und zweiseitige Handelsgeschäfte.

165. Was versteht man unter einem einseitigen Handelsgeschäft?

Ein einseitiges Handelsgeschäft liegt vor, wenn bei einem Handelsgeschäft nur ein Vertragspartner Kaufmann ist. Bei Lieferungen an Privatkunden finden grundsätzlich die Vorschriften des HGB über Handelsgeschäfte für beide Teile Anwendung.

166. Was versteht man unter einem beiderseitigen Handelsgeschäft?

Zweiseitige Handelsgeschäfte sind solche, bei denen beide Partner Kaufleute sind.

167. Welche Bedeutung haben zweiseitige Handelsgeschäfte?

Grundsätzlich gehen die HGB-Bestimmungen bei Handelsgeschäften den BGB-Bestimmungen vor. Einige Vorschriften gelten jedoch nur für beiderseitige Handelsgeschäfte. Hierzu zählen die Bestimmungen über Handelsbräuche, Zinsen, unverzügliche Untersuchung und Rügepflicht bei Mängeln oder nur für den Teil der Kaufmann ist, wie z.B. die kaufmännische Sorgfaltspflicht oder nur für Vollkaufleute, wie z.B. die Formfreiheit für Bürgschaftsversprechen. Der Vollkaufmann kann ein geschäftliches Schuldversprechen oder eine Bürgschaftserklärung in gültiger Form auch mündlich abgeben, während das BGB für diese Erklärungen die Schriftform vorschreibt.

168. Was versteht man unter der Sorgfaltspflicht des Kaufmanns?

Kaufleute haben ihre Handelsgeschäfte mit der Sorgfalt eines ordentlichen Kaufmanns zu erledigen. Das bedeutet, daß sie bei Handelsgeschäften eine erhöhte Verantwortung tragen, die über die Sorgfaltspflicht eines Schuldners nach dem BGB hinausgeht.

169. Was versteht man unter Handelsbräuchen?

Nach § 346 HGB sind bei der Auslegung der Handelsgeschäfte die Handelsbräuche zu berücksichtigen. Man versteht darunter die kaufmännische Verkehrssitte, die unter Kaufleuten gilt, d.h., beide Seiten müssen Kaufleute sein, wenn man sich auf Handelsbräuche berufen will.

170. Wie entstehen Handelsbräuche?

Handelsbräuche entstehen aufgrund einer längeren tatsächlichen Praxis und ergänzen bzw. erläutern den Willen der Vertragsparteien. Beweispflichtig für einen bestrittenen Handelsbrauch ist die Partei, die sich auf einen Handelsbrauch beruft.

171. Was versteht man unter Handelsklauseln?

Handelsklauseln sind bestimmte Formeln, die dem Vertrag einen bestimmten Inhalt geben. Der Kaufmann muß diese Handelsklauseln kennen und sie gegen sich gelten lassen, wenn er sie akzeptiert hat.

172. Welche wichtigen Handelsklauseln sind üblich?

a) Die Arbitrageklausel: Sie unterwirft die Parteien bei Streitigkeiten aus Warenlieferungen der Entscheidung eines Schiedsgerichts;

b) circa: Diese Angabe bedeutet, daß der Käufer auch eine etwas größere oder etwas kleinere Menge abnehmen muß;

c) freibleibend, ohne Obligo: Diese Klausel schließt die Bindung an das Vertragsangebot aus, es besteht ein Widerrufsrecht bis zur Annahme des Antrags;

d) Kasse gegen Dokumente: Diese Klausel bedeutet Vorauszahlung, sobald die Verladedokumente vorliegen, in jedem Falle vor Lieferung der Ware;

e) Lieferung wie besehen, wie besichtigt: Hier ist eine nachträgliche Mängelrüge ausgeschlossen.

Ferner zählen die Trade Terms und die Incoterms zu den Handelsklauseln.

173. Was versteht man unter den Trade Terms?

Die Trade Terms wurden von der Internationalen Handelskammer erstmals 1936 veröffentlicht und 1953 in neuer Fassung vorgelegt. Man versteht darunter handelsübliche Vertragsklauseln, die international aufeinander abgestimmt wurden, so daß sich ihre Bedeutung von Land zu Land deckt.

174. Was versteht man unter den Incoterms?

Das Wort Incoterm ist eine Abkürzung für International Commercial Terms für internationale Regeln für die Auslegung bestimmter Vertragsformeln.

Ihre Anwendung ist insbesondere im Außenhandel üblich. Incoterms gelten im Gegensatz zu den Trade terms nur, wenn ihre Anwendung vereinbart wurde.

175. Welche sind die wichtigsten Incoterms?

Ab Werk: Der Käufer hat die Ware im Werk des Verkäufers spätestens zum vereinbarten Zeitpunkt abzunehmen und alle Beförderungs- und Versicherungskosten zu zahlen;
FOR: free on rail = frei Waggon des Abgangsortes;
FOB: free on board = Der Verkäufer hat alle Kosten bis zum Schiff des Verschiffungshafens zu tragen;
Cost and freight: Der Verkäufer hat alle Verlade- und Frachtkosten bis zur Ankunft des Schiffes im Bestimmungshafen zu tragen;
Cost, insurance, freight: Der Verkäufer hat sämtliche Verlade-, Versicherungs- und Frachtkosten bis zur Ankunft des Schiffes im Bestimmungshafen zu tragen.

176. Wer ist Kommissionär?

Kommissionär ist, wer es gewerbsmäßig übernimmt, Waren oder Wertpapiere für Rechnung eines anderen in eigenem Namen zu kaufen oder zu verkaufen. Der Kommissionär ist selbständiger Kaufmann und betreibt ein Grundhandelsgewerbe.

177. Welche Verpflichtungen hat der Kommissionär?

Der Kommissionär hat die übernommenen Geschäfte mit der Sorgfalt eines ordentlichen Kaufmanns auszuführen. Er muß den Weisungen des "anderen", des Kommittenten, befolgen und von ihnen nur abweichen, wenn er den Umständen nach annehmen muß, daß der Kommittent bei Kenntnis der Sachlage damit einverstanden ist. Der Kommissionär muß dem Kommittenten die erforderlichen Nachrichten geben, von jedem Geschäftsabschluß sofort in Kenntnis setzen und insbesondere vereinnahmte Geldbeträge sofort überweisen.

178. Welche Rechte hat der Kommissionär?

Der Kommissionär hat Anspruch auf Provision, auf Zahlung der vereinbarten oder üblichen Vergütung für seine Tätigkeit, sobald das mit dem Dritten abgeschlossene Geschäft ausgeführt ist. Der Kommissionär hat jedoch seine Kosten selbst zu tragen, lediglich die Aufwendungen, die zur Ausführung des Auftrages entstehen, werden ihm ersetzt.
Der Kommissionär hat zur Sicherung seiner Forderungen ein gesetzliches Pfandrecht an dem Kommissionsgut. Er ist deshalb berechtigt, das Kom-

missionsgut öffentlich versteigern zu lassen oder, wenn die Ware einen Börsen- oder Marktwert hat, freihändig zu verkaufen und sich aus dem Erlös seine Forderungen zu befriedigen, wenn diese auf andere Weise nicht erfüllt werden.

179. Wer ist Spediteur?

Spediteur ist, wer es gewerbsmäßig übernimmt, Güterversendungen durch Frachtführer für Rechnung eines anderen im eigenen Namen zu besorgen. Das Speditionsgeschäft ist mithin eine besondere Art des Kommissionsgeschäfts.

180. Welche Rechte hat der Spediteur?

Der Spediteur kann die vereinbarte oder übliche Provision verlangen, sobald er das Gut dem Frachtführer zur Beförderung übergeben hat. Er hat ein gesetzliches Pfandrecht an dem Speditionsgut.

181. Wer ist Frachtführer?

Frachtführer ist, wer es gewerbsmäßig unternimmt, die Beförderung von Gütern auszuführen. Der Frachtvertrag wird zwischen Absender und Frachtführer ohne Beteiligung des Empfängers abgeschlossen.

182. Was versteht man unter frachtrechtlichen Urkunden?

Frachtrechtliche Urkunden sind der Frachtbrief und der Ladeschein.

183. Was ist der Frachtbrief?

Der Frachtbrief dient als Beweisurkunde über den Abschluß und Inhalt des Frachtvertrags. Er begleitet das Frachtgut und gelangt mit dem Gut in die Hand des Empfängers.

184. Was ist der Ladeschein?

Der Ladeschein ist eine vom Frachtführer ausgestellte Urkunde über seine Pflicht zur Ablieferung des Gutes an den im Schein genannten Empfänger oder dessen Order. Der Ladeschein hat aber nur eine praktische Bedeutung im Binnenschiffahrtsverkehr. Der Ladeschein ist ein Übergabepapier. Seine Übergabe an den durch Indossament Bezeichneten ersetzt die Übergabe des Gutes.

185. Wer ist Lagerhalter?

Lagerhalter ist, wer gewerbsmäßig die Lagerung und Aufbewahrung von Gütern übernimmt.

186. Auf welche Details erstreckt sich das Lagergeschäft?

Das Lagergeschäft erstreckt sich nicht nur auf die Bereitstellung eines geeigneten Raumes für die Lagerung und Aufbewahrung, sondern auch auf die Obhut über die einzelnen Güter. Wird nämlich nur ein geeigneter Raum zur Verfügung gestellt, so handelt es sich nicht um ein Lagergeschäft, sondern um eine Raummiete.

187. Welche Ansprüche hat der Lagerhalter?

Der Lagerhalter hat Anspruch auf das vereinbarte oder übliche Lagergeld und auf Erstattung seiner besonderen Aufwendungen und Auslagen, wie z.B. für Fracht, Zölle, Versicherung. Wegen seiner Ansprüche hat der Lagerhalter ein gesetzliches Pfandrecht an dem eingelagerten Gut.

188. Was ist der Lagerschein?

Der Lagerhalter stellt über die Einlagerung einen Lagerschein aus, der auf den Namen, den Inhaber oder an Order lauten kann. Der Lagerschein ist ein Wertpapier, weil der berechtigte Inhaber die Herausgabe des Gutes verlangen kann. Der Orderlagerschein ist ein sog. Traditionspapier. Es berechtigt zur Übergabe in Verbindung mit einer Indossierung des Orderlagerscheines des Eigentums. Zur Ausstellung von Orderlagerscheinen sind allerdings nur staatlich besonders ermächtigte Lagerhäuser befugt.

189. Was versteht man unter unlauterem Wettbewerb?

Nach dem Gesetz gegen den unlauteren Wettbewerb (UWG) kann auf Unterlassung und Schadensersatz in Anspruch genommen werden, wer im geschäftlichen Verkehr zu Zwecken des Wettbewerbs Handlungen vornimmt, die gegen die guten Sitten verstoßen.

190. Was bezeichnet das UWG als unerlaubte Werbung?

Wer in öffentlichen Bekanntmachungen oder in Mitteilungen, die für einen größeren Kreis von Personen bestimmt sind, über geschäftliche Verhältnisse, insbesondere über die Beschaffenheit, den Ursprung, die Herstellungsart oder die Preisbemessung von Waren oder gewerblichen Leistungen, über die Art des Bezugs oder die Bezugsquellen von Waren, über den Besitz von Auszeichnungen, über den Anlaß oder den Zweck des Verkaufs oder über die Menge der Vorräte unrichtige Angaben macht, die geeignet sind, den Anschein eines besonders günstigen Angebots hervorzurufen, kann auf Unterlassung der unrichtigen Angaben in Anspruch genommen werden.

III. Gerichtsbarkeit, Zivilprozeß und Mahnverfahren

191. Wie ist die Gerichtsbarkeit gegliedert?

Vor die ordentlichen Gerichte, die in Amtsgerichte, Landesgerichte, Oberlandesgerichte und den Bundesgerichtshof gegliedert sind, gehören alle nicht besonderen Gerichten zugewiesenen Streitigkeiten sowie die Strafsachen und die Angelegenheiten der freiwilligen Gerichtsbarkeit.
Als besondere Gerichtsbarkeit sieht das Grundgesetz vor:
die Verwaltungsgerichtsbarkeit, die Arbeitsgerichtsbarkeit, die Sozialgerichtsbarkeit, die Finanzgerichtsbarkeit, die Patentgerichtsbarkeit, die Disziplinargerichtsbarkeit, die Verfassungsgerichtsbarkeit.

192. Wogegen richtet sich eine Klage?

Eine Klage kann sich richten auf:
a) Eine Verurteilung des Gegners zu einer Leistung oder Unterlassung (Leistungsklage);
b) die Feststellung eines Rechtsverhältnisses, der Echtheit oder Unechtheit einer Urkunde (Feststellungsklage);
c) die Begründung, Änderung oder Auflösung eines Rechtsverhältnisses (Gestaltungsklage). Sie ist möglich bei einer Leistungskonkretisierung, einer Ehescheidung, der Auflösung einer Handelsgesellschaft oder der Anfechtung.

193. Wie wird eine Klage erhoben?

Nach § 253 der Zivilprozeßordnung wird die Klage durch Zustellung eines Schriftsatzes, der Klageschrift, an den Beklagten erhoben. Diese ist mit sonstigen Anträgen und Parteierklärungen, die zugestellt werden sollen, nebst den erforderlichen Abschriften bei dem angerufenen Gericht einzureichen.

194. Was ist bei der Einreichung der Klage zu beachten?

In der Klageschrift müssen das Gericht, die Parteien, der Gegenstand und der Grund des erhobenen Anspruchs und der Antrag angegeben sein. Ferner soll der Wert des Streitgegenstandes, wenn die Zuständigkeit des Gerichts davon abhängt und nicht eine bestimmte Geldsumme eingeklagt wird, bezeichnet werden.

195. Welche Möglichkeiten hat der Beklagte?

Der Beklagte kann:
a) den geltend gemachten Anspruch anerkennen,

b) die tatsächlichen Behauptungen der Klage zugeben, aber Tatsachen geltend machen, die die vom Kläger behauptete Rechtsfolge ausschließen,
z.b. argumentieren, daß der Kaufpreis, der eingeklagt wird, bereits bezahlt sei,

c) die behaupteten Tatsachen bestreiten,

d) bestreiten, daß die Klagetatsachen den Klageanspruch ausreichend begründen,

e) zugeben, aber seinerseits Gegenansprüche geltend machen (Aufrechnung,
Wiederklage).

196. Wer ist beweispflichtig?

Grundsätzlich hat jede Partei gemäß § 282 der Zivilprozeßordnung unter
Bezeichnung der Beweismittel für ihre tatsächlichen Behauptungen den Be-
weis anzutreten und sich über die von der Gegenpartei angegebenen Beweismittel zu erklären. Jede Partei muß die Tatsachen beweisen, aus denen sie
Rechte herleitet. Läßt sich eine Behauptung durch die Beweisaufnahme
nicht klären, so wird zuungunsten dessen entschieden, dem die Beweislast
obliegt.

197. Was ist das Mahnverfahren?

Das Mahnverfahren soll als abgekürztes zivilprozessuales Verfahren dem
Gläubiger baldmöglichst zu einem vollstreckbaren Titel verhelfen. Es ist nur
noch zulässig wegen eines Anspruchs auf Zahlung einer bestimmten Geldsumme in inländischer Währung.

198. Wie wird das gerichtliche Mahnverfahren durchgeführt?

Der Antragsteller (Gläubiger) beantragt mittels eines Antragsvordrucks
einen Mahnbescheid, den das für ihn zuständige Amtsgericht erläßt. In dem
Mahnbescheid wird der Antragsgegner aufgefordert, innerhalb der im Mahnbescheid angegebenen Widerspruchsfrist von 2 Wochen bei Vermeidung der
Zwangsvollstreckung entweder den Antragsteller zu befriedigen oder Widerspruch zu erheben.

199. Welche Schritte unternimmt das Gericht?

Das Amtsgericht stellt dem Antragsgegner den Mahnbescheid zu und gibt
dem Antragsteller eine Benachrichtigung über den Zustellungstag. Erhebt
der Schuldner Widerspruch, so wird von Amts wegen vom zuständigen Gericht ein Termin zur mündlichen Verhandlung anberaumt. Erhebt der
Schuldner keinen Widerspruch, so erläßt das zuständige Gericht auf der
Grundlage des Mahnbescheids den Vollstreckungsbescheid, der vorläufig
vollstreckbar ist. Auch gegen den Vollstreckungsbescheid hat der Antragsgegner beginnend mit der Zustellung eine Einspruchsfrist von 2 Wochen.

200. Was versteht man unter der Zwangsvollstreckung?

Die Zwangsvollstreckung ist die mit staatlichen Machtmitteln erzwungene Befriedigung eines privatrechtlichen Anspruchs. Voraussetzung für die Durchführung der Zwangsvollstreckung ist, daß der Antragsteller gegen den Antragsgegner einen vollstreckbaren Titel erworben hat.

201. Was versteht man unter einem Vollstreckungstitel?

Vollstreckungstitel sind rechtskräftige Urteile, Prozeßvergleiche, Vollstreckungsbescheide im gerichtlichen Mahnverfahren.

202. Wie erfolgt die Zwangsvollstreckung in das unbewegliche Vermögen?

Sie erfolgt durch Eintragung einer Sicherungshypothek, durch Zwangsverwaltung des Grundbesitzes oder durch Zwangsversteigerung.

IV. Verfahren zur Sicherung von Wechsel- und Scheckansprüchen, insbesondere Wechselprotest und Wechselprolongation

203. Was ist zu tun, um Scheckansprüche nicht zu verlieren?

In jedem Fall muß der Scheck innerhalb der gesetzlichen Vorlegungsfrist vorgelegt werden. Wird die Vorlegungsfrist versäumt, so erlischt der Rückgriffsanspruch des Scheckinhabers gegen den Aussteller und etwaige Indossanten oder Bürgen. Es besteht dann nur noch ein Anspruch gegen den Aussteller im Hinblick auf dessen ungerechtfertigte Bereicherung.

204. Wie werden Wechselansprüche geltend gemacht?

Wechselansprüche werden geltend gemacht, indem der Wechsel dem Bezogenen zur Einlösung vorgelegt wird. Eine Verweigerung der Zahlung muß durch Protest festgestellt werden, der von einem Notar, Gerichtsvollzieher oder Postbeamten aufzunehmen ist. Der Protest wird auf dem Wechsel vermerkt.

205. Warum werden Wechsel prolongiert?

Wechselprotest und Rückgriff schaden dem Ansehen des Bezogenen und des Ausstellers. Deshalb ist der Aussteller in vielen Fällen bereit, dem Bezogenen über den Verfalltag hinaus Kredit zu gewähren. Dies geschieht durch Ausstellung eines neuen Wechsels. Der Bezogene muß den neuen Wechsel akzeptieren und hat alle durch die Zahlungsverzögerung entstandenen Kosten wie Diskont, Spesen, Wechselsteuer zu tragen.

206. Was ist der Zweck einer Wechselklage und eines Wechselzahlungsbefehls?

Der Wechselprozeß dient dem Zweck, dem Wechselgläubiger möglichst schnell einen vollstreckbaren Titel gegenüber einem Wechselverpflichteten zu verschaffen.

207. Was ist ein Urkundenprozeß?

Der Urkunden- und Wechselprozeß ist ein abgekürztes Verfahren, das dem Gläubiger beschleunigt einen Vollstreckungstitel verschaffen soll.

208. Was ist die Besonderheit des Wechselprozesses?

Der Wechselprozeß ist eine Unterart des Urkundenprozesses. Mithin gelten gegenüber andern Prozeßarten folgende Besonderheiten:
Die Fristen sind äußerst kurz bemessen und liegen zwischen 24 Stunden, wenn der Beklagte am Sitz des Prozeßgerichts wohnt und 7 Tagen, wenn er außerhalb des Landgerichtsbezirks wohnt. Die Erklärung, daß der Anspruch auf dem Wege des Wechselprozesses geltend gemacht wird, muß ausdrücklich erfolgen. Die Wechselklage kann sowohl beim Gericht des Zahlungsortes als auch beim allgemeinen Gerichtsstand des Wechselschuldners erhoben werden. Dem Klageanspruch müssen die Urkunden, d.h. der Wechsel, die Protesturkunde und die Rückrechnung beigefügt sein.

209. Wie schließt ein Wechselverfahren ab?

Das Wechselverfahren schließt mit einem vorläufig vollstreckbaren Vorbehaltsurteil ab. Dem Beklagten bleibt die ausführliche Darstellung seiner Rechte im ordentlichen Verfahren vorbehalten. Deswegen sind Widerklagen im Urkunden- und Wechselprozeß unzulässig. Das unter Vorbehalt der Rechte ergangene Urteil ist für die Zwangsvollstreckung als Endurteil anzusehen. Die Verurteilung zur Zahlung der Wechselsumme kann nur gegen Herausgabe des Wechsels und der weiteren Urkunden erfolgen. Sie müssen dem Gerichtsvollzieher bei dem Zwangsvollstreckungsauftrag übergeben werden.

210. Wie verjähren wechselrechtliche Ansprüche?

Die wechselmäßigen Ansprüche gegen den Akzeptanten verjähren in drei Jahren vom Verfalltage, die Ansprüche des letzten Inhabers gegen die Indossanten und den Aussteller in einem Jahr vom Tag des erhobenen Protests und die Ansprüche der Indossanten gegen ihre Vormänner und den Aussteller in sechs Monaten, gerechnet vom Tag der Einlösung an.

211. Was ist im Falle eines Wechselverlustes zu tun?

Ein abhandengekommener oder vernichteter Wechsel kann im Wege des Aufgebotsverfahrens nach den Bestimmungen der ZPO für kraftlos erklärt werden.

V. Arbeitsrecht

212. Was ist Gegenstand des Arbeitsrechts?

Das Arbeitsrecht regelt die nichtselbständige Arbeit, die der Arbeitnehmer weisungsgebunden im Rahmen eines Arbeitsvertrages gegen Entgelt leistet. Zum Arbeitsrecht gehören aber nicht nur die Rechtsbeziehungen zwischen Arbeitnehmer und Arbeitgeber, sondern auch das Tarifrecht, das Arbeitskampfrecht sowie das Betriebsverfassungsrecht, die Arbeitsschutzgesetze und die Arbeitsgerichtsbarkeit.

213. Wer ist Arbeitnehmer?

Arbeitnehmer (Arbeiter und Angestellte) ist, wer auf privatrechtlicher Grundlage eines Arbeitsvertrages von einem anderen gegen die Zusage einer Gegenleistung (Entgelt) beschäftigt wird und zu diesem in einem persönlichen Abhängigkeitsverhältnis steht.

214. Wie werden Arbeitsverhältnisse begründet?

Arbeitsverhältnisse werden durch Abschluß eines Arbeitsvertrages begründet. Gesetzliche Bestimmungen über den Arbeitsvertrag finden sich u.a. in § 611 BGB, für kaufmännische Angestellte in den §§ 59 ff. HGB und für technische Angestellte und gewerbliche Arbeitnehmer in den §§ 105 ff. der Gewerbeordnung. Außerdem gelten Tarifverträge, Betriebsvereinbarungen und andere Gesetze, wie z.B. die Unfallverhütungsvorschriften der Berufsgenossenschaften. Der Abschluß eines Arbeitsvertrages ist grundsätzlich formfrei, jedoch in bestimmten Bereichen ist die Schriftform vorgeschrieben, z.B. bei Berufsausbildungsverträgen und bei der Vereinbarung eines Wettbewerbsverbotes gemäß § 74 HGB.

215. Welche Pflichten hat der Arbeitnehmer im Rahmen eines Arbeitsverhältnisses?

Der Arbeitnehmer hat zunächst eine Arbeitspflicht, die er im Zweifel selbst zu leisten hat, d.h., er darf sich nicht vertreten lassen, wobei sich der Inhalt der Arbeitspflicht aus dem Arbeitsvertrag und der zeitliche Umfang aus dem Tarifvertrag oder auch aus dem Arbeitsvertrag ergeben, ferner eine Gehorsamspflicht, die den Arbeitnehmer verpflichtet, die Weisungen des Arbeitgebers zu befolgen und schließlich die Treuepflicht, die den Arbeitnehmer verpflichtet, alles zu unterlassen, was dem Arbeitgeber schaden könnte.

216. Welche Pflichten hat der Arbeitgeber gegenüber den Arbeitnehmern?

Der Arbeitgeber hat die Pflicht zur Entlohnung, die Fürsorgepflicht, d.h.

insbesondere die Pflicht, Arbeitsräume und Arbeitsbedingungen so zu regeln, daß der Arbeitnehmer vor Gefahren für Leben und Gesundheit geschützt ist, soweit die Natur des Betriebes es gestattet. Verpflichtungen ergeben sich aber auch aus dem Betriebsverfassungsgesetz. Schließlich hat der Arbeitgeber die Pflicht zur Urlaubsgewährung.

217. Was ist in einem Tarifvertrag geregelt?

Der Tarifvertrag regelt die Rechte und Pflichten der Tarifvertragsparteien und enthält Rechtsnormen, die den Inhalt, den Abschluß und die Beendigung von Arbeitsverhältnissen sowie betriebliche und betriebsverfassungsrechtliche Fragen ordnen können.

218. Welche grundsätzlichen Probleme sind im Betriebsverfassungsgesetz geregelt?

Im Betriebsverfassungsgesetz ist die Errichtung von Betriebsräten, deren Aufgaben und Zusammensetzung einschließlich der Jugendvertretung sowie die Mitwirkung und Mitbestimmung der Arbeitnehmer geregelt.

219. Wann werden Betriebsräte gewählt?

In Betrieben mit in der Regel mindestens fünf ständigen wahlberechtigten Arbeitnehmern, von denen drei wählbar sind, werden Betriebsräte gewählt. Wahlberechtigt sind alle Arbeitnehmer, die das 18. Lebensjahr vollendet haben. Wählbar sind alle Wahlberechtigten, die sechs Monate dem Betrieb angehören.

220. Was sagt das Betriebsverfassungsgesetz über die Jugendvertretung aus?

In Betrieben, in denen in der Regel mindestens fünf Arbeitnehmer beschäftigt sind, die das 18. Lebensjahr noch nicht vollendet haben (jugendliche Arbeitnehmer), werden Jugendvertretungen gewählt. Die Jugendvertretung kann zu allen Betriebsratssitzungen einen Jugendvertreter entsenden. Der Betriebsrat hat die Jugendvertretung zu Besprechungen zwischen Arbeitgeber und Arbeitnehmer hinzuzuziehen, wenn Angelegenheiten behandelt werden, die besonders jugendliche Arbeitnehmer betreffen. Umgekehrt kann die Jugendvertretung beantragen, Angelegenheiten, die besonders jugendliche Arbeitnehmer betreffen und über die sie beraten hat, auf die nächste Tagesordnung zu setzen. Der Betriebsrat soll Angelegenheiten, die besonders jugendliche Arbeitnehmer betreffen, der Jugendvertretung zur Beratung zuleiten. Die Jugendvertretung hat insbesondere die Aufgabe, Maßnahmen, die den jugendlichen Arbeitnehmern dienen, besonders Fragen der Berufsbildung, beim Betriebsrat zu beantragen und darüber zu wachen, daß die zugunsten der jugendlichen Arbeitnehmer geltenden Ge-

setze, Verordnungen, Unfallverhütungsvorschriften und Betriebsvereinbarungen durchgeführt werden.

221. Welche allgemeinen Aufgaben hat der Betriebsrat?

Der Betriebsrat hat die Aufgabe, darüber zu wachen, daß die zugunsten der
Arbeitnehmer geltenden Gesetze, Verordnungen, Unfallverhütungsvorschriften, Tarifverträge und Betriebsvereinbarungen eingehalten werden;
Maßnahmen, die dem Betrieb und der Belegschaft dienen, beim Arbeitgeber
zu beantragen; Anregungen von Arbeitnehmern und der Jugendvertretung
entgegenzunehmen und, falls sie berechtigt erscheinen, durch Verhandlun-
gen mit dem Arbeitgeber auf eine Erledigung hinzuwirken; die Eingliederung
Schwerbeschädigter und sonstiger schutzbedürftiger Personen zu fördern;
die Wahl einer Jugendvertretung vorzubereiten und durchzuführen und mit
dieser zur Förderung der Belange der jugendlichen Arbeitnehmer eng zu-
sammenarbeiten und von der Jugendvertretung Vorschläge und Stellungnah-
men anzufordern; die Beschäftigung älterer Arbeitnehmer zu fördern; die
Eingliederung ausländischer Arbeitnehmer im Betrieb und das Verhältnis
zwischen ihnen und den deutschen Arbeitnehmern zu fördern.

**222. Welche Unterrichtungspflichten hat der Arbeitgeber gegenüber den
Arbeitnehmern?**

Der Arbeitgeber hat den Arbeitnehmer über dessen Aufgabe und Verantwortung sowie über die Art seiner Tätigkeit und ihre Einordnung in den
Arbeitsablauf sowie Betrieb zu unterrichten und den Arbeitnehmer über die
Unfall- und Gesundheitsgefahren sowie über die Maßnahmen und Einrichtungen zur Anwendung dieser Gefahren zu unterrichten.

**223. Welche Mitbestimmungsrechte hat der Betriebsrat in sozialen Ange-
legenheiten?**

Der Betriebsrat hat, soweit eine gesetzliche oder tarifliche Regelung nicht
besteht, in folgenden Angelegenheiten mitzubestimmen:
1) Fragen der Ordnung des Betriebs und des Verhaltens der Arbeitnehmer
   im Betrieb;
2) Beginn und Ende der täglichen Arbeitszeit einschließlich der Pausen sowie Verteilung der Arbeitszeit auf die einzelnen Wochentage;
3) vorübergehende Verkürzung oder Verlängerung der betriebsüblichen
   Arbeitszeit;
4) Ort, Zeit und Art der Auszahlung der Arbeitsentgelte;
5) Aufstellung allgemeiner Urlaubsgrundsätze und des Urlaubsplanes;
6) Einführung und Anwendung von technischen Einrichtungen, die dazu

bestimmt sind, das Verhalten oder die Leistung der Arbeitnehmer zu überwachen;

7) Regelungen über die Verhütung von Arbeitsunfällen und Berufskrankheiten sowie über den Gesundheitsschutz;

8) Form, Ausgestaltung und Verwaltung betrieblicher Sozialeinrichtungen;

9) Zuweisung und Kündigung von Werkswohnungen;

10) Fragen der betrieblichen Lohngestaltung, insbesondere die Aufstellung von Entlohnungsgrundsätzen und die Einführung und Anwendung neuer Entlohnungsmethoden sowie deren Änderung;

11) Festsetzung der Akkord- und Prämiensätze und vergleichbarer leistungsbezogener Entgelte;

12) Grundsätze über das betriebliche Vorschlagswesen.

224. Welche Rechte hat der Betriebsrat in personellen Angelegenheiten?

Der Arbeitgeber hat den Betriebsrat über die Personalplanung, insbesondere über den gegenwärtigen und künftigen Personalbedarf sowie über die sich daraus ergebenden personellen Maßnahmen und Maßnahmen der Berufsbildung an Hand von Unterlagen rechtzeitig und umfassend zu unterrichten. Personalfragebögen bedürfen der Zustimmung des Betriebsrats.

225. Welche Mitbestimmungsrechte hat der Betriebsrat in personellen Einzelmaßnahmen?

Der Betriebsrat ist in Betrieben mit in der Regel mehr als 20 wahlberechtigten Arbeitnehmern vor jeder Einstellung, Eingruppierung, Umgruppierung und Versetzung zu unterrichten. Der Arbeitgeber muß dem Betriebsrat die erforderlichen Bewerbungsunterlagen vorlegen und Auskunft über die Person der Beteiligten geben. Ebenso ist der Betriebsrat vor jeder Kündigung zu hören. Der Arbeitgeber hat ihm die Gründe für die Kündigung mitzuteilen. Eine ohne Anhörung des Betriebsrates ausgesprochene Kündigung ist unwirksam.

226. Welche arbeitsrechtlichen Schutzbestimmungen bestehen?

Zum Schutz der menschlichen Arbeitskraft sind eine Reihe von Schutzbestimmungen erlassen worden, wie z.B. die Arbeitszeitordnung. Darüber hinaus gelten für bestimmte Personengruppen besondere Schutzbestimmungen, wie z.B. für werdende Mütter das Mutterschutzgesetz, für Jugendliche das Jugendarbeitsschutzgesetz, für Behinderte das Schwerbehindertengesetz.

227. Welche Vorschriften gelten nach dem Mutterschutzgesetz?

Werdende Mütter dürfen nicht beschäftigt werden, soweit nach ärztlichem Zeugnis Leben oder Gesundheit von Mutter und Kind bei Fortdauer der Beschäftigung gefährdet ist. Verboten ist auch die Beschäftigung mit schweren körperlichen Arbeiten und mit bestimmten gesundheitsgefährdenden Arbeiten sowie in Akkordarbeit. In den letzten 6 Wochen vor der Entbindung dürfen werdende Mütter nicht beschäftigt werden. Nach der Entbindung darf die Mutter bis zum Ablauf von 8 Wochen nicht beschäftigt werden, bei Früh- und Mehrlingsgeburten verlängert sich diese Frist auf 12 Wochen. Der Mutterschutz begründet ein absolutes Kündigungsverbot und bewirkt, daß die Kündigung während der Schwangerschaft und bis zum Ablauf von 4 Monaten nach der Entbindung unzulässig ist.

Der Mutterschaftsurlaub wird durch den im Bundeserziehungsgeldgesetz geregelten Erziehungsurlaub ergänzt. Dieser Erziehungsurlaub steht seit 01.01.1986 allen Müttern oder Vätern, die vor der Geburt ihres Kindes in einem Arbeitsverhältnis stehen, bis zum 10. Lebensmonat und ab 1988 für 12 Monate zu. Das Erziehungsgeld beträgt DM 600,—.

228. Welche Bestimmungen gelten nach dem Jugendarbeitsschutzgesetz für Jugendliche?

Nach dem am 21.10.1984 in Kraft getretenen Ersten Gesetz zur Änderung des Jugendarbeitsschutzgesetzes gelten folgende Vorschriften: Jugendliche dürfen nur an 5 Tagen in der Woche, nicht mehr als 8 Stunden täglich und nicht mehr als 40 Stunden wöchentlich beschäftigt werden. Wenn in Verbindung mit Feiertagen an Werktagen nicht gearbeitet wird, damit die Beschäftigten eine längere zusammenhängende Freizeit haben, so darf die ausgefallene Arbeitszeit auf andere Werktage verteilt werden. Die Verteilung ist innerhalb von fünf zusammenhängenden, die Ausfalltage einschließenden Wochen vorzunehmen. Dabei darf die Wochenarbeitszeit im Durchschnitt dieser 5 Wochen 40 Stunden, die tägliche Arbeitszeit 8 1/2 Stunden nicht überschreiten. Der Arbeitgeber hat den Jugendlichen für die Teilnahme am Berufsschulunterricht freizustellen. Er darf den Jugendlichen nicht beschäftigen

1. vor einem vor 9 Uhr beginnenden Unterricht

2. an einem Berufsschultag mit mehr als 5 Unterrichtsstunden von je mindestens 45 Minuten Unterricht einmal in der Woche

3. in Berufsschulwochen mit einem planmäßigen Blockunterricht von mindestens 25 Stunden an mindestens 5 Tagen; zusätzliche betriebliche Ausbildungsveranstaltungen bis zu zwei Stunden wöchentlich sind zulässig.

Dem Jugendlichen ist bei einer Beschäftigungszeit von mehr als 4 1/2 bis 6 Stunden eine Pause von 30 Minuten, von mehr als 6 Stunden eine Pause von 60 Minuten zu gewähren. Die Pausen müssen jeweils 15 Minuten betragen und im voraus festgelegt sein. Jugendliche dürfen nur in der Zeit von 6 — 20 Uhr (mit Ausnahmen ab 5 Uhr und bis 22 Uhr für bestimmte Wirtschaftszweige) beschäftigt werden.

Der Urlaub beträgt jährlich mindestens 30 Werktage, wenn der Jugendliche zu Beginn des Kalenderjahres noch nicht 16 Jahre alt ist, mindestens 27 Werktage, wenn der Jugendliche zu Beginn des Kalenderjahres noch nicht 17 Jahre alt ist und mindestens 25 Werktage, wenn der Jugendliche zu Beginn des Kalenderjahres noch nicht 18 Jahre alt ist.

Ein Jugendlicher darf nur beschäftigt werden, wenn er innerhalb der letzten neun Monate von einem Arzt untersucht worden ist. Ein Jahr nach der Aufnahme der ersten Beschäftigung hat sich der Arbeitgeber die Bescheinigung eines Arztes darüber vorlegen zu lassen, daß der Jugendliche nachuntersucht worden ist. Arbeitgeber, die regelmäßig mindestens einen Jugendlichen beschäftigen, haben einen Abdruck des Jugendarbeitsschutzgesetzes im Betrieb zur Einsicht auszuhängen, und Betriebe, die regelmäßig mindestens drei Jugendliche beschäftigen, haben einen Aushang über Beginn und Ende der regelmäßigen Arbeitszeit und der Pausen an geeigneter Stelle im Betrieb anzubringen.

229. Welche Bestimmungen gelten zum Schutz der Schwerbeschädigten?

Nach dem Schwerbehindertengesetz sind schwerbehinderte Personen, die körperlich, geistig oder seelisch behindert und infolge ihrer Behinderung in ihrer Erwerbsfähigkeit um mehr als 50 % gemindert sind. Private und öffentliche Arbeitgeber, die über mindestens 16 Arbeitsplätze verfügen, haben auf wenigstens 6 % Arbeitsplätze Schwerbehinderte zu beschäftigen. Solange Arbeitgeber die vorgeschriebene Zahl Schwerbehinderter nicht beschäftigen, haben sie für jeden unbesetzten Pflichtplatz monatlich eine Ausgleichsabgabe zu zahlen. Schwerbeschädigten darf nur mit Zustimmung der Hauptfürsorgestelle gekündigt werden. Ohne deren Zustimmung ist die Kündigung nichtig.

230. Was versteht man unter dem Wettbewerbsverbot?

Arbeitgeber und Arbeitnehmer können ein Wettbewerbsverbot für die Zeit nach der Beendigung des Arbeitsverhältnisses vereinbaren. In diesem Fall darf der Arbeitnehmer eine bestimmte Zeit nach dem Ausscheiden aus dem Betrieb nicht in Konkurrenzbetrieben tätig sein. Nach den Bestimmungen der §§ 74, 74 a und 74 b HGB darf sich das Wettbewerbsverbot auf höchstens zwei Jahre erstrecken. Während dieser Zeit ist eine Entschädigung zu zahlen.

231. Wie ist der Urlaub geregelt?

Die Urlaubsansprüche werden meist im Tarifvertrag oder im Arbeitsvertrag geregelt. Sofern derartige Regelungen nicht bestehen, gilt für Jugendliche das Jugendarbeitsschutzgesetz und für Personen über 18 Jahre das Bundesurlaubsgesetz von 1963, dessen Vorschriften gesetzliche Mindestnormen sind. Nach dem Bundesurlaubsgesetz beträgt der Urlaub jährlich mindestens 18 Werktage.

232. Welche Vorschriften sind bei Auszubildenden zu beachten?

Für die Beschäftigung von Auszubildenden gelten grundsätzlich die Vorschriften des Berufsbildungsgesetzes von 1969.

233. Welche Verpflichtungen legt das Berufsbildungsgesetz den Betrieben auf?

Das Berufsbildungsgesetz verlangt vor Beginn der Ausbildung den Abschluß eines Berufsausbildungsvertrages, der bei der zuständigen Stelle, d.h. bei Berufen des Handels und der Industrie bei der Industrie- und Handelskammer, bei Handwerksberufen bei der Handwerkskammer zur Eintragung in das Verzeichnis der Berufsausbildungsverhältnisse vorzulegen ist. Die Berufsausbildung hat eine breit angelegte berufliche Grundbildung und die für die Ausübung einer qualifizierten beruflichen Tätigkeit erforderlichen fachlichen Fertigkeiten und Kenntnisse in einem geordneten Ausbildungsgang zu vermitteln und den Erwerb der notwendigen Berufspraxis zu gewährleisten.

234. Welche Bestimmungen bestehen im Hinblick auf die Probezeit?

Die Probezeit beträgt mindestens einen und höchstens drei Monate.

235. In welchen Berufen darf eine Ausbildung erfolgen?

Eine Ausbildung von Jugendlichen darf nur in anerkannten Ausbildungsberufen vorgenommen werden.

236. Welche Verpflichtungen hat der Auszubildende?

Der Auszubildende hat sich zu bemühen, die Fertigkeiten und Kenntnisse zu erwerben, die für das Ausbildungsziel erforderlich sind. Er hat insbesondere die Pflicht, die im Rahmen der Berufsausbildung aufgetragenen Verrichtungen sorgfältig auszuführen, den Berufsschulunterricht zu besuchen, den Weisungen zu folgen, die im Rahmen der Berufsausbildung von weisungsberechtigten Personen erteilt werden, Werkzeuge, Maschinen und sonstige Einrichtungen pfleglich zu behandeln und über Betriebs- und Geschäftsgeheimnisse Stillschweigen zu bewahren.

237   Was besagt die Arbeitszeitordnung?

Nach der Arbeitszeitordnung darf die regelmäßige werktägliche Arbeitszeit die Dauer von acht Stunden nicht übersteigen.

238. Welche Vorschriften bestehen im Hinblick auf den Unfall- und Gesundheitsschutz?

Nach § 120 a der Gewerbeordnung sind die Betriebe verpflichtet, Arbeitsräume, Betriebseinrichtungen, Maschinen und Geräte so einzurichten, daß die Arbeitnehmer gegen Gefahren für Leben und Gesundheit geschützt sind.

239. Welche Vorschriften sind im Arbeitsrecht unter dem Gesichtspunkt des Arbeitsschutzes noch zu beachten?

Das Gesetz über Betriebsärzte, Sicherheitsingenieure und andere Fachkräfte für Arbeitssicherheit vom 12.12.1973 verpflichtet die Arbeitgeber zur Bestellung von Betriebsärzten und Fachkräften für Arbeitssicherheit. Damit soll erreicht werden, daß die dem Arbeitsschutz und der Unfallverhütung dienenden Vorschriften den besonderen Betriebsverhältnissen entsprechend angewandt werden und gesicherte arbeitsmedizinische und sicherheitstechnische Erkenntnisse zur Verbesserung des Arbeitsschutzes und der Unfallverhütung verwirklicht werden können.

Die Arbeitsstättenverordnung vom 28.3.1975 legt fest, was als Arbeitsstätte zählt und verpflichtet die Arbeitgeber, alle Arbeitsstätten entsprechend einzurichten. Dies erstreckt sich insbesondere auf Lüftung, Raumtemperaturen, Beleuchtung, den Schutz gegen Gas, Dämpfe, Nebel, Staub und gegen Lärm.

240. Unter welchen Voraussetzungen kann ein Ausbildungsverhältnis aufgelöst werden?

Vor dem vertragsmäßigen Ende der Ausbildungszeit bzw. dem Ablegen der Prüfung kann das Arbeitsverhältnis nur in folgenden Fällen aufgelöst werden:

a) während der Probezeit von beiden Seiten einseitig mit sofortiger Wirkung ohne Angabe von Gründen,

b) wenn der Auszubildende die Berufsausbildung aufgeben oder in einem anderen Beruf fortsetzen will. Diese Absicht muß dem Ausbildenden mit einer Kündigungsfrist von vier Wochen schriftlich mitgeteilt werden,

c) bei Vorliegen eines wichtigen Grundes. Eine fristlose Kündigung kann nur binnen 14 Tagen schriftlich unter Angabe dieses Grundes erfolgen. Bei minderjährigen Auszubildenden muß die Kündigung außerdem neben dem Auszubildenden gegenüber beiden Erziehungsberechtigten schriftlich erfolgen. Der Betriebsrat muß zwingend angehört werden. Bei Fehlen einer dieser Voraussetzungen ist die Kündigung unwirksam.

Im beiderseitigen Einvernehmen ist eine Auflösung eines Berufsausbildungsverhältnisses für beide Partner jederzeit möglich. Gründe hierfür können z.B. der Umzug der Eltern eines minderjährigen Auszubildenden an einen anderen Ort oder Zerwürfnisse zwischen den Vertragspartnern sein, die eine weitere Ausbildung als wenig sinnvoll erscheinen lassen.

Weiterführende Literatur

Seit dem Erscheinen der ersten Auflage sind auf den verschiedensten Gebieten praxisorientierte Veröffentlichungen erschienen, die sich für den Fachwirt eignen. Dies trifft z.b. für das Personalwesen, das Marketing, die Kostenrechnung, die Organisation und die Fertigungswirtschaft zu.

Berekoven, Ludwig, Grundlagen der Absatzwirtschaft, 2. Auflage, Verlag Neue Wirtschafts-Briefe, Herne

Falk, R./ Wolf, J., Handelsbetriebslehre, 6. Auflage, Verlag Moderne Industrie, München 1981

Heinen, Industriebetriebslehre, Entscheidungen im Industriebetrieb, Gabler-Verlag, Wiesbaden 1972

Hummel, Thomas, Betriebswirtschaftslehre, Gründung und Führung kleinerer und mittlerer Unternehmen, Oldenbourg-Verlag, München/Wien

Leitherer, Eugen, Betriebliche Marktlehre, 2. Auflage, Poeschel-Verlag, Stuttgart 1

Oeldorf, G./ Olfert, K., Materialwirtschaft, 2. Auflage, Friedrich Kiehl Verlag GmbH, Ludwigshafen

Olfert, K.,/ Steinbuch, P.A., Fertigungswirtschaft, Friedrich Kiehl Verlag GmbH, Ludwigshafen

Schäfer, Der Industriebetrieb, Westdeutscher Verlag Köln und Opladen

Voß, Egon, Industriebetriebslehre für Ingenieure, 5. Auflage, Carl-Hanser-Verlag, München

Weber, Helmut, Industriebetriebslehre, Springer Verlag, Berlin/Heidelberg

Weis, H., Marketing, 2. Auflage, Friedrich Kiehl Verlag, Ludwigshafen 1981

I. Volkswirtschaftliche Grundlagen

Christmann J./ Mattes, P.,/ Schopf, M., Lernbuch Volkswirtschaft, 2. Auflage, Winklers Verlag, Darmstadt

Issing, Otmar, Allgemeine Wirtschaftspolitik, Verlag Vahlen, München 1982

Issing, Otmar, Spezielle Wirtschaftspolitik, Verlag Vahlen, München 1982

Kirsch, Werner u.a., Die Wirtschaft, Einführung in ihre Entscheidungsprobleme, Gabler-Verlag, Wiesbaden 1975

Szigeti, P.R./ Hösch, F., Volkswirtschaftslehre für Praktiker, 4. Auflage, Verlag Neue Wirtschafts-Briefe, Herne/Berlin 1980

II. Betriebsorganisation (1)

Böhrs, H., Organisation des Industriebetriebes, Gabler-Verlag, Wiesbaden 1963

Meyer-Stopp, Praktische Organisationslehre, Lexika-Verlag, Grafenau/Württ.

Schmidt, Horst, Betriebsorganisation und Informationswesen, Verlag Neue Wirtschafts-Briefe, Herne

Schudrowitz, G., Organisationslehre, Heckner-Verlag, Wolfenbüttel 1975

Schwarz, H., Betriebsorganisation als Führungsaufgabe, 8. Auflage, Verlag Moderne Industrie, München 1977

Steinbuch, P., Organisation, 3. Auflage, Friedrich Kiehl Verlag, Ludwigshafen 1981

Wittlage, Helmut, Unternehmensorganisation, 2. Auflage, Verlag Neue Wirtschafts-Briefe, Herne

III. Betriebliches Finanz- und Rechnungswesen

Balzer, K., Buchhaltung und Abschluß, Gabler-Verlag, Wiesbaden

Edinger, L., Betriebliche Steuerlehre, Friedrich Kiehl Verlag, Ludwigshafen 1978

Egler/Junge/Reuther/Andres/Köhl, Rechnungswesen der Unternehmung, Verlag Europa-Lehrmittel, Wuppertal

Kostka, G., Handelsrechtlicher Jahresabschluß, Gabler-Verlag, Wiesbaden 1980

Kostka, G./Rieth, W., Steuern im Betrieb, Gabler-Verlag, Wiesbaden

Meyer, Claus, Bilanzierung nach Handels- und Steuerrecht, 4. Auflage, Neue Wirtschafts-Briefe, Herne

Olfert, K., Bilanzen, 4. Auflage, Friedrich Kiehl Verlag, Ludwigshafen 1982

Olfert, K., Kostenrechnung, 4. Auflage, Friedrich Kiehl Verlag, Ludwigshafen

Olfert, K., Finanzierung, 3. Auflage, Friedrich Kiehl Verlag, Ludwigshafen 1980

Rauser, H./Rauser, K.-D., Steuerlehre, 7. Auflage, Winklers-Verlag, Darmstadt

Reinheimer, H., Der Jahresabschluß — Analyse und Kritik, 2. Auflage, Friedrich Kiehl Verlag, Ludwigshafen 1977

Reinheimer, H., Kostenrechnung in Frage und Antwort, 3. Auflage, Friedrich Kiehl Verlag, Ludwigshafen 1980

Torspecken, H., Kosten- und Leistungsrechnung, Gabler-Verlag, Wiesbaden

Weber, Helmut, Betriebswirtschaftliches Rechnungswesen, Vahlen-Verlag, München 1974

IV. Betriebliches Personalwesen

Friedrichs, H., Moderne Personalführung, 5. Auflage, Verlag Moderne Industrie, München 1978

Olfert/Steinbuch, Personalwirtschaft, 2. Auflage, Friedrich Kiehl Verlag, Ludwigshafen 1985

Potthoff, Das betriebliche Personalwesen, Sammlung Göschen, Stuttgart

Stopp, U., Betriebliche Personalwirtschaft, Lexika-Verlag, Grafenau/Württ. 1975

Wächter, H., Einführung in das Personalwesen, Neue Wirtschafts-Briefe, Herne 1979

V. Recht

Brede, G./Etzel, G., Arbeitsrecht, 2. Auflage, Neue Wirtschafts-Briefe, Herne 1981

Endriss, W., Grundriß des kaufmännischen Rechts, Friedrich Kiehl Verlag, Ludwigshafen 1978

Kamman/Meisel, Arbeitsrechtliche Grundzüge für die betriebliche Praxis, 2. Auflage, Deutscher Industrie-Verlag, Köln 1973

Ott/Wendland, Grundzüge des Wirtschaftsrechts, Vieweg-Verlag, Braunschweig 1972

Schreiber, Rolf, Rechtskunde für die betriebliche Praxis, expert-Verlag, Sindelfingen, Taylorix-Fachverlag, Stuttgart 1985

Weber/Wedler, Grundzüge des Handelsrechts, Heckners-Verlag, Wolfenbüttel

VI. Grundlagen der Statistik

Fischer, K., Grundlagen der Statistik, Gabler-Verlag, Wiesbaden 1980

Kellerer, Statistik im modernen Wirtschafts- und Sozialleben, Rowohlt Taschenbuch-Verlag, Reinbek bei Hamburg 1960

Unsinn-Fischbach, Betriebliche Statistik, Lexika-Verlag, Grafenau/Württ.

Wagenführ, Statistik leicht gemacht, 4. Auflage, Köln 1963

VII. Arbeitsmethodik und Rhetorik

Blohm, Die Gestaltung des betrieblichen Berichtswesens als Problem der Leistungsorganisation, Verlag Neue Wirtschafts-Briefe, Herne/Berlin 1970

Nick, F., Diskussions- und Verhaltenstechnik, Gabler-Verlag, Wiesbaden

Nick, F., Arbeitsmethodik und Rhetorik, Gabler-Verlag, Wiesbaden